シワ・たるみがみるみる消えていく！

10歳若返る「顔グセ直し」

鍼灸院土門治療院 院長
土門 奏
Kanade Domon

講談社

なんか最近疲れた顔してるね
えっ
うそっ
そんなことあるわけ・・・
ゴリゴリ
ガーン
本当だ・・・
シワ
たるみ
ガクガク
しかも、これって
疲れというより
老化なのでは・・・
それからというもの
いろいろ試してみたけれど
高価なスキンケアを使ってみたり
エステに通ったり
チーン
10000
自己流のトレーニングをしたり
重力に抵抗して逆立ちしてみる

でも全然
効果ナシ
げっそり
そしてお金もナシ…
からっぽ
それ間違いですよ！
だ…誰っ〜
あっ、私
土門と申します
そんなことしても
シワ、たるみは
元に戻りません！
ドーン
それはズバリ
あなたに「老け顔グセ」が
あるからです！
顔の筋肉は
2つの
タイプに
分かれてます
2つ？
『いつも働いてばかりの
がんばりすぎ筋肉さん』
オレにまかせろ。!!
まかせた〜♪
ぐた〜
『いつも おサボりの
おサボり筋肉さん』

目を開けるとき いつでも眉毛を 一緒に上げたり
ご飯を食べるとき 口をへの字にして 食べたり
もぐ もぐ
こんなとき、あなたが 動かしているのは いつも同じ筋肉さん
オレにまかせろ—!!
うおー
よっ ガンバレよー
がんばりすぎた 筋肉さんは
うおりゃ〜
こわばって しまって それが シワ・たるみ の原因に なるんです
ガチ ガチ
もう 動けません…
こんなクセをつけたまま 無理なマッサージを してたら…
上がれー 上がれー
ぎゅ ぎゅ
こんな顔に なっちゃいます
ブルドッグ みたい…
じ、じゃあ いったいどうすれば 良いんですかっ!
そんなの カンタン ですよ!

シワを作ってる
STOP
顔グセ
「顔グセ」さえやめれば良いんです
がんばりすぎ筋肉さんにはちょっと休んでもらって、
ちょっとおヒマをいただきます
おサボり筋肉さんは眠りから起こしてあげましょう
ゆさゆさ
起きてくださ〜い!!
うーん
ちょっと起きればおサボり筋肉さんだって100人力です!!
やるときゃやるぜ!!
がんばって〜!
2つの筋肉さんをバランスよく働かせてあげればシワ、たるみはみるみる消えるのです!
若返って見えますよ♡
無理なことをしないから肌にもやさしい〜
!!
シワのタイプごとにチェックしてみて下さいね!

はじめに

私たちは、笑ったり、おしゃべりをしたり、日常で何気なく顔の筋肉をたくさん使っています。毎日無表情で過ごしている人なんていないでしょう。

じつは、この筋肉が、シワやたるみの原因となっているって、知っていますか？顔の筋肉は一日中ずっと働いているので、どこか偏ったところばかりを動かしていると、そこだけ疲れがたまってこわばり、シワやたるみができていきます。

筋肉は大きく分けると、まぶたなどを動かす「目のまわり」と、くちびるなどを動かす「口のまわり」の２つに分けられます。顔の中でも特によく働いてくれるのが目と口ですから、シワは目や口の近くにできやすいのです。皆さんのお悩みのシワにも思い当たるふしがあるのでは？

目を開けたり口を閉じたり、筋肉を動かすときにそれらをどんなふうに使うかは、よく見ていると人によって違います。その人が、筋肉を疲れさせる「悪いクセ」をたくさんしていると、筋肉はこわばってシワが作られやすくなっていくのです。また、悪いクセはシワだけでなく口角やまぶたも下げてたるませ、元気のない老け顔にもしてしまいます。

　シワが気になっている人は、まずスキンケアなどをすると思います。しかし、それは「できてしまったシワ」にしかアプローチできていません。シワのできる原因（＝悪いクセ）を解消しているわけではないですから、少し良くなったと思っても、シワやたるみはどんどん進行していきます。

　本当のケアは、老け顔の原因を根本から解消すること、つまり、悪いクセを直すことです。自分の悪いクセを見極め、それを直していけば、できてしまったシワやたるみもなくなっていき、年齢を重ねてもシワの少ない魅力的な顔でいられるのです。

　クセを気にするだけでも、あなたの顔は確実に変わっていきます。さあ、自分の「シワ作りグセ」を見極めて、賢く若返りましょう！

土門《どもん》 奏《かなで》

CONTENTS

Chapter 2 シワとりグセ「気をつけるだけ」メソッド

Chapter 3 どうして老け顔グセをやめられない？

※本書に紹介されているプログラムは慎重を期して作成されていますが、身体（特に顔面部・口腔部・頭部・頸部等）に不調がある場合には、専門医にご相談のうえ実施されることをおすすめします。また、プログラムの誤用による影響等に対して、著者及び出版社は責任を負いかねます。ご了承ください。
※「美顔率」は商標登録されております。登録商標もしくはこれに類似する商標での使用は禁止されています。

Chapter 1

発見!
あなたの「老け顔グセ」

あなたが日ごろ何気なくしている表情には
シワやたるみの原因になる
老け顔グセが出ていませんか？
すぐにチェックしてみましょう。

無理な「顔の筋トレ」はさらなるシワ作りのもと！

年をとってもシワやたるみが少なく、魅力的な表情の人がいるのは何故でしょう。そういう人は、表情に変な〝クセ〟がなく、顔の筋肉をバランスよく使えています。私たちは、話をするとき、ご飯を食べるとき、笑うときなど、起きている時間はずっと顔のどこかの筋肉を使っています。

もし、筋肉の使い方にアンバランスなクセがあると、目や口を動かしただけで、どこかの皮膚を引っ張りながら毎日暮らすことになり、皮膚を伸ばしてシワやたるみができてしまいます。口角や目尻も下がると、お化粧などで一生懸命隠しても、老け顔の印象がだんだんと強くなってしまいます。

しかし、変なクセを直そうと、焦って自己流のトレーニングをしてみても、かえって逆効果な場合が多くなります。日ごろ動かさなかった筋肉は、脳からの神経信号のつながりが悪くなっているため、ちょっとやそっとでは動いてくれないのです。

動かしていなかった筋肉はちっとも鍛えられず、よく動かしている筋肉ばかりをよけいに動かして、老け顔はより進行してしまうことに。

まずクセをとるには、脳からいつも指令を出してもらえるように神経を鍛え、そのあとに筋肉を鍛えるのが正しいトレーニングなのです。

正しいトレーニングで顔筋バランスが整うと、崩れて下がっていた口角や目尻の位置が元に戻ってきます。さらに、口角や目尻をいちばんバランスのよい「黄金比率」（14ページ参照）の位置に固定してトレーニングを行うと、心理学的にも魅力的な顔筋バランスを手に入れることができます。

これは、高価なスキンケアを使ったり、エステに通ったりするよりもずっとラクで効果的です。何歳からでも若返りは可能ですし、何年たっても年をとらない顔になれます。

まずはシワやたるみの場所からあなたの「老け顔グセ」を見つけましょう。

顔筋バランスが整えば、「黄金比率」の魅力顔に

前のページでも触れましたが、いちばんバランスが良いとされる「黄金比率」をご存じですか？　人の顔は黄金比率に近づけば近づくほど、若くなるだけでなく魅力的な顔と認識されます。せっかく顔筋を整えるなら、この理想のバランスに近づけましょう。顔グセ直しメソッドは、このバランスに近づくよう作られています。

1 眉頭は顔の長さの上⅓ 鼻の下は下⅓に

髪の生え際からあごまでの長さを1として、上⅓の位置に眉頭、下⅓の位置に鼻の下がくるように、眉毛と鼻を動かして。

2 下くちびる中央の下端が鼻の下とあごの真ん中に

鼻の下からあごまでの長さを1として、½の位置に下くちびる中央の下端がくるように、くちびるを上下に動かしましょう。

3 口角は鼻の下からあごまでの上⅓の位置に

鼻の下からあごまでの長さを1として、上⅓の位置に口角がくるのが正しい位置。そこに口角がくるように動かして。

4 左右の目頭の間と目の幅が同じ長さに

左右の目頭の間の長さとそれぞれの目の幅が同じ長さになるように、目頭や目尻の位置を動かして調整しましょう。

5 口の横幅は左右の黒目の内側の間と同じに

左右の黒目の内側の間隔と、口の横幅の長さが同じになるよう、口角を動かして。

6 小鼻と目尻を結んだ延長線上に眉尻がくる

小鼻から目尻を結んだ延長線上に眉尻がくるように。

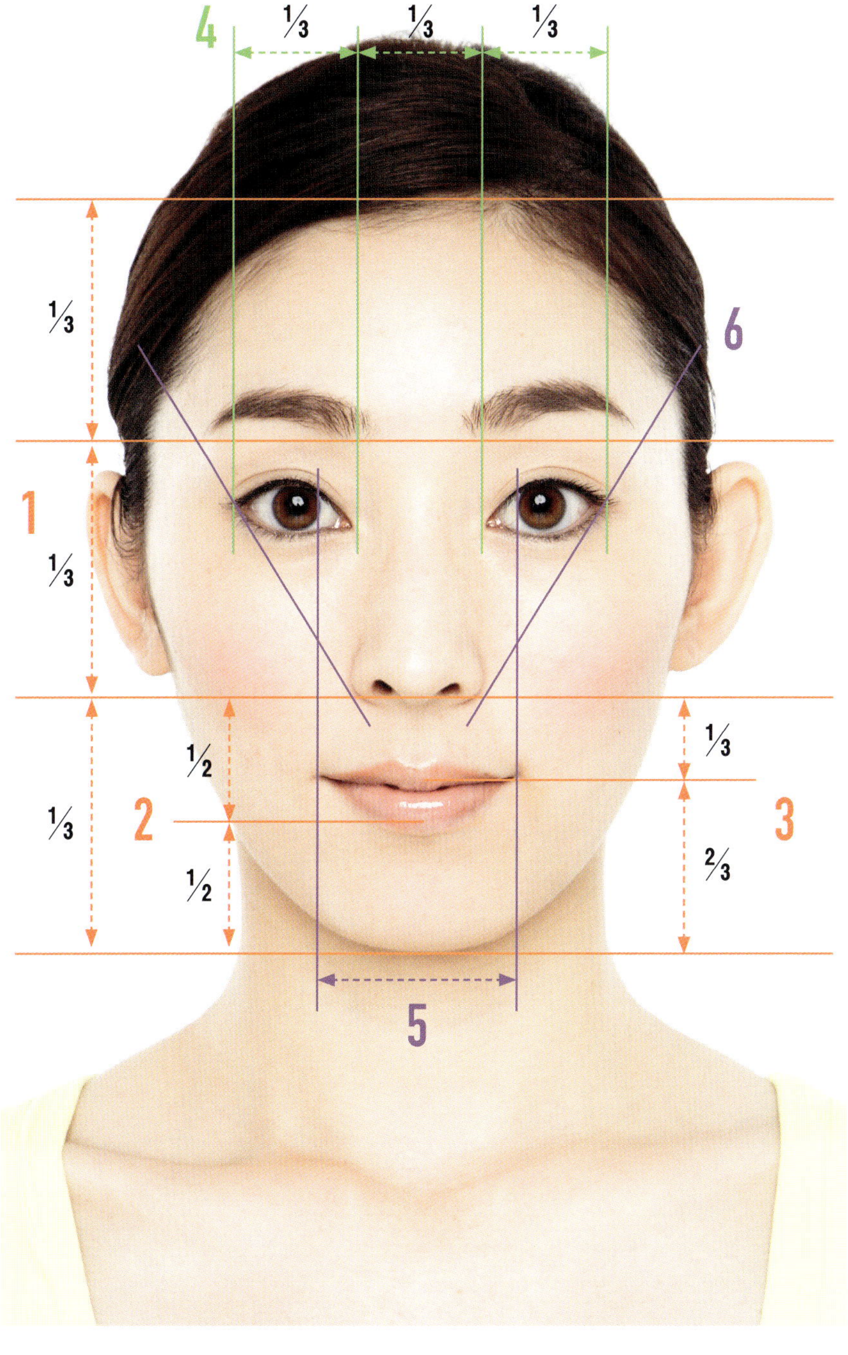
4
1/3
1/3
1/3
1/3
6
1
1/3
1/2
1/3
2
3
1/2
2/3
1/3
5

あなたのシワ・たるみはどこにある？

顔を洗うときやお化粧をするときなど、鏡で自分の顔を見たときに、10代のころにはなかったようなシワやたるみを発見して、ショックをうけた方は、多いのではないでしょうか。

もし、いまは表面に出ていないところに、シワ予備軍があるとしたら？　あるいは、いずれシワになるようなクセをしていたら……？

まずは、あなたの顔のどこにシワやたるみポイントがあるか、どんなクセをしているかを知りましょう。自分ではいままで気づかなかった発見があるかも。

次のページのシワやたるみは代表的なものです。本書では、これを10に分けて解決法までご案内していきます。さっそく18ページからのクセのセルフチェックで、あなたのタイプを見つけていきましょう！

この本で解決できるシワ・たるみはこれ！

目のまわりにできるシワ・たるみ

鼻根のシワ
→P21、22、23

みけんのシワ
→P23、22

おでこのシワ
→P21

目尻のシワ
→P21、22

目頭のシワ
→P21、22、23

目の上のシワ・たるみ・くぼみ
→P21

インディアンライン
→P18、20、22

目の下のシワ・たるみ
→P22、21

口・あご・首まわりにできるシワ・たるみ

フェイスラインのたるみ
→P18、19、24、25、26

口元のたるみ
→P20、26

ほおのシワ・たるみ
→P18
P19、20、24、26、27

あごのたるみ
→P25、24、27

くちびるのたてジワ
→P27

ほうれい線
→P19
P18、20、26

首のシワ・たるみ
→P24、25

あごのゴツゴツ
→P20、25、26、27

ブルドッグたるみ
→P26
P18、19、20、24、27

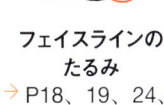

ほおのシワ・たるみ

1

口角の下ばかりを動かし、下の歯を見せておしゃべりする人のタイプ。そんな人はもしかして、「マリオネットしゃべりグセ」をしていませんか?

クセのセルフチェック

口角の横に手を置いて、「エ・イ」 と言ってみましょう。**手が横や下に動く**人はほおを引き下げ、たるませるしゃべり方になっています 。ほお骨の上のほうが上に動けばクセはありません。

改善メソッドは34ページへ

そのほか
このクセでできる
シワ・たるみ

フェイスラインのたるみ

インディアンライン

ほうれい線

ブルドッグたるみ

ほうれい線

上くちびるを上げないで笑っている人に
多いのがこのケース。この笑い方を
続けるほど、ほうれい線は深くなってしまいます。

もしかして、**「横引き笑いグセ」**をしていませんか?

クセのセルフチェック

口角の横に手を置いてほほえんでみましょう。**手が横や下に動く**人は口だけでなく顔の幅も広げる笑い方になっています。ほお骨の上の手が上に動けばクセはありません。

改善メソッドは38ページへ

そのほか
このクセでできる
シワ・たるみ

ほおの
シワ・たるみ

フェイスラインの
たるみ

ブルドッグ
たるみ

3

口元のたるみ

上くちびるの筋肉がサボりがちになると、
口元はたるんでしまい、鼻の下をついつい
伸ばしたくなるのです。もしかして、
「くちびる巻き込みグセ」を
していませんか？

クセのセルフチェック

10秒後に…

ペンを鼻の下に10秒はさんでみましょう。ペンをとったあと、**くちびるを閉じて巻き込んで伸ばしたくなったら**、いつも鼻の下を伸ばしてたるませています。

改善メソッドは42ページへ

そのほか
このクセでできる
シワ・たるみ

ほうれい線

ほおの
シワ・たるみ

ブルドッグ
たるみ

インディアン
ライン

あごのゴツゴツ

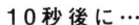

おでこのシワ

上まぶたを上げる筋肉の代わりに、
眉毛を上げる筋肉ばかりを使っているケース。
このクセは上まぶたや目の下のたるみも作ってしまいます。
もしかして、「眉毛上げグセ」をしていませんか?

クセのセルフチェック

目を大きく
開けたときに…

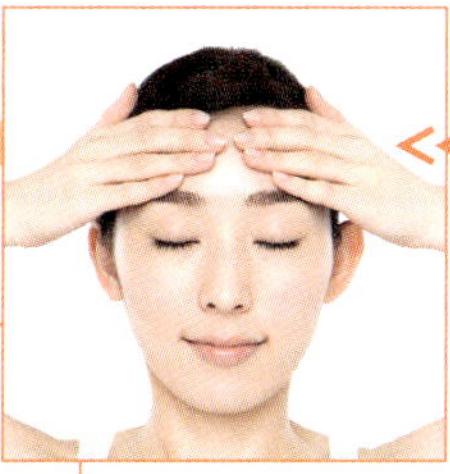

おでこに手を置いて目を大きく開けてみましょう。**おでこが上に動いたら**、シワを作るだけでなく、目のまわりの筋肉のバランスが崩れ、上まぶたや目の下にたるみができてしまいます。

改善メソッドは46ページへ

そのほか
このクセでできる
シワ・たるみ

目の下の
シワ・たるみ

鼻根のシワ

目頭のシワ

目尻のシワ

目の上のシワ・
たるみ・くぼみ

5

目の下のシワ・たるみ

目の下にできたシワがいつのまにかとれなくなった……そんな人は、目を閉じるときや眩《まぶ》しいときに、ギュッと強く閉じすぎかも。　もしかして、「目頭ギュッと閉じグセ」をしていませんか？

クセのセルフチェック

目を強く閉じる

目頭と目尻を触って目を強く閉じてみましょう。**目頭側に指がよって目尻側が上がらなければ**、目の下の筋力が衰え、目の下や目のまわりにトラブルが多いはず。

改善メソッドは50ページへ

そのほか
このクセでできる
シワ・たるみ

鼻根のシワ

目頭のシワ

目尻のシワ

みけんのシワ

インディアン
ライン

みけんのシワ

パソコンを見ているときなど、無意識に
みけんにシワをよせていませんか?
下まぶたの筋肉が動かない人に多いケース。
もしかして、「眉毛よせグセ」をしていませんか?

クセのセルフチェック

目を強く閉じる

みけんを触って目を強く閉じてみましょう。**中心に指がよる**場合、嫌なことがなくても、目を閉じるだけでみけんにシワをよせていますよ。

改善メソッドは54ページへ

そのほか
このクセでできる
シワ・たるみ

鼻根のシワ

目頭のシワ

7 首のシワ・たるみ

いくら顔が若くてキレイでも、首にシワがあると老けた印象に。自分で気づくよりも他人に気づかれやすいシワのひとつなので要注意です。

もしかして、「**あご出しグセ**」をしていませんか?

クセのセルフチェック

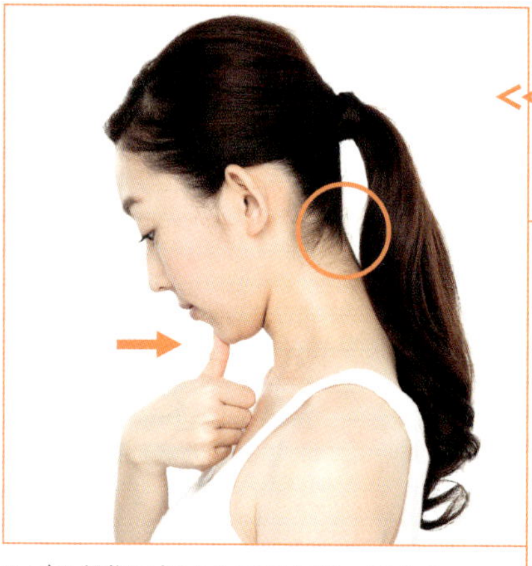

あごを親指で押さえて下を向いてみましょう。**首の上のほうがつっぱる**場合、あごをいつも上げて首やあごの皮膚を伸ばしてたるませています。

改善メソッドは58ページへ

そのほか
このクセでできる
シワ・たるみ

ほおの
シワ・たるみ

ブルドッグ
たるみ

フェイスラインの
たるみ

あごのたるみ

あごのたるみ

意外なことに、舌のクセが原因となることも。
すぐに舌の位置をチェックしてみてください。
もしかして、「舌下げグセ」をしていませんか？

クセのセルフチェック

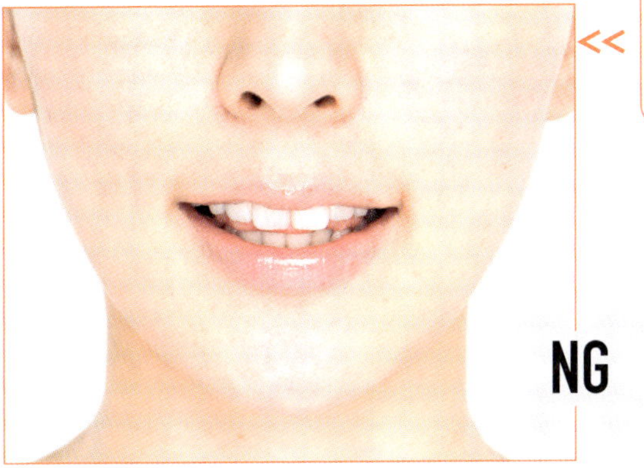

いま、あなたの舌の先が触れている場所はどこですか？　**舌の先が上前歯の下端や下前歯に触れている**場合、舌の根のあるあごをたるませています。

改善メソッドは62ページへ

そのほか
このクセでできる
シワ・たるみ

フェイスラインのたるみ

あごのゴツゴツ

首のシワ・たるみ

ブルドッグたるみ

9

腹話術の人形のように、口角の下のところにシワができている人は、ご飯の食べ方に問題あり。すぐに気をつけて！
もしかして、「への字食べグセ」をしていませんか？

NG

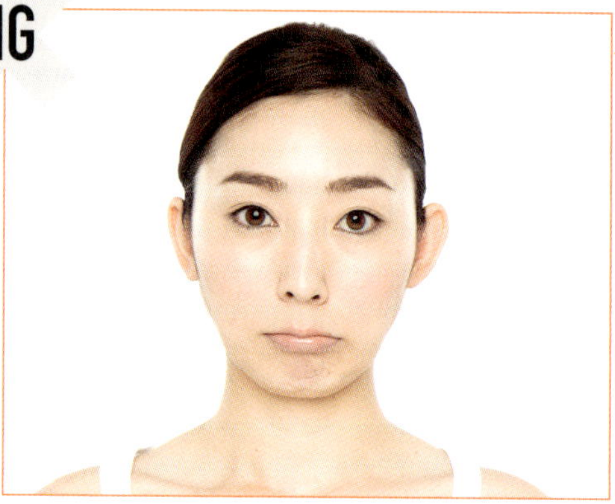

クセのセルフチェック

ご飯などを口に含んで食べてみましょう。噛んでいるとき、**口角を横に広げ、下げていませんか**？
舌を上手に使えなくなっていて、このままだとご飯を食べるたびにシワを作ってしまっています。

改善メソッドは66ページへ

そのほか
このクセでできる
シワ・たるみ

ほうれい線

ほおの
シワ・たるみ

あごのゴツゴツ

フェイスラインの
たるみ

口元のたるみ

くちびるのたてジワ

**食事のあとやメイクを落としたときに、
くちびるがシワっぽくなっていて驚いたことはありませんか？
もしかして、「きんちゃく飲みグセ」を
していませんか？**

クセの
セルフ
チェック

NG

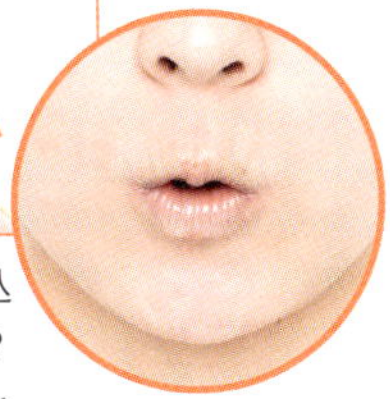

コップで水をひと口飲んでみましょう。飲み込むときに**舌の先が前歯に当たっていませんか**？このクセを繰り返していると、口を閉じないと飲み物が飲み込めず、くちびるの先をすぼめて次第にシワシワになってしまいます。

改善メソッドは70ページへ

そのほか
このクセでできる
シワ・たるみ

ほおの
シワ・たるみ

ブルドッグ
たるみ

あごのゴツゴツ

あごのたるみ

土門先生の**美肌**三ヵ条

本書では、クセを直すことでシワ・たるみをとる方法をお伝えしていますが、それ以外で私が実践している、顔を老けさせない「美肌三ヵ条」をご紹介します。ぜひあわせて実践してみてくださいね。

一、洗いすぎない

顔の皮脂が落ちすぎないように、できるだけ常温の水で洗顔しましょう。お化粧は石けん洗顔で落とせるくらい薄めにして。石けんは保湿成分などが入っていない「石けん素地」のものをよく泡だてて使うのがおススメです。

二、ムダにつけない

自分の肌を守るために、美肌成分を出してくれている皮膚の善玉菌。防腐剤の入っている化粧水などを使ってしまうと、良い菌が殺されてしまいます。合成された成分に頼らず、自分の肌から保湿・美肌成分を引き出しましょう。

三、よく寝る

22時～深夜２時は特に成長ホルモンの分泌量が多いので、夜更かしはほどほどに。毎日早く寝るのが無理なら、１回目のレム睡眠時（最初の90分）も成長ホルモンの分泌が多くなるので、眠りを深くできるよう快眠できる環境を整えましょう。

無駄なコストや
時間をかけず、
きれいになろう！

Chapter 2

シワとりグセ「気をつけるだけ」メソッド

自分のクセがわかったら、
あとはここに気をつけるだけ！
即効でキレイになりたい人への
トレーニングも満載です。

始める前に気をつけたいこと

自分の老け顔グセをよくチェックしたら、ここからは実践編です。まずは準備や留意点をよく理解して、自分にあったものから始めましょう。

これだけは気をつけて！

・顔面領域の疾患（顔面神経麻痺・三叉神経痛・顎関節症・歯肉炎・結膜炎など）がある方は、専門医の意見を聞いてから行ってください。

・口内炎やニキビ、眼球、目の下のたるみ、くまは直接触らないようにしてください。

・顔の皮膚はとてもデリケートです。安全に行うため、やり方を必ず守りましょう。

・セルフケアのために作られたプログラムです。他人に行わないようにしましょう。

老け顔グセ改善メソッドを行う際の

準備・留意点

始める前に、以下のことを注意して行いましょう。

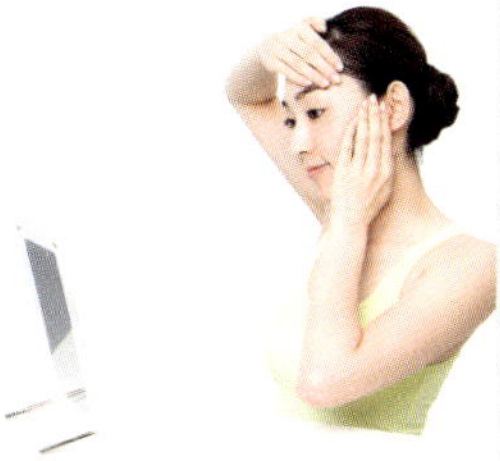

必ず鏡を見ながら

間違ったトレーニングをしていないか、
いつもチェックしましょう。

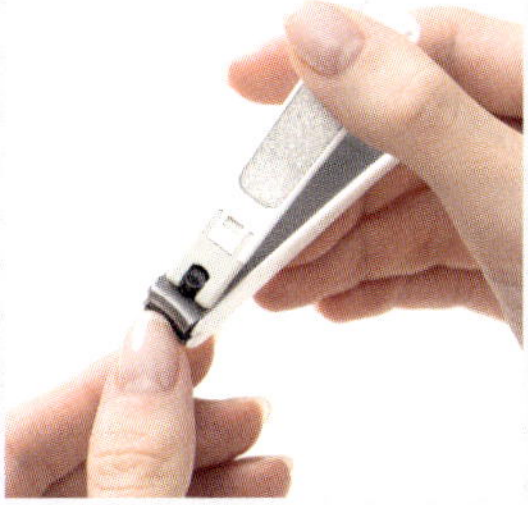

手を洗い、爪を整えて

口の中の粘膜に触れるので、
手は清潔に。爪の長い人は
ゴム手袋をしましょう。

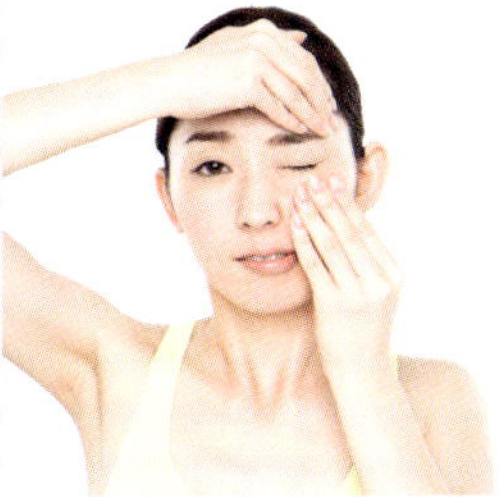

やりすぎはNG！

やりすぎは筋肉を疲れさせて
シワの原因に。
朝晩10分以内にしましょう。

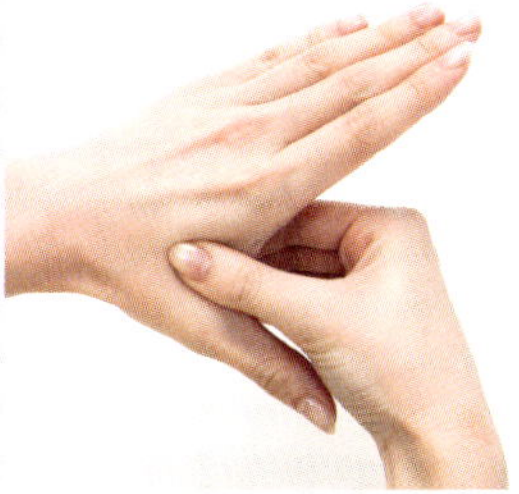

筋肉をはさむ際の圧力の目安

親指と人差し指の間の筋肉を、
痛くなく気持ち良い程度にもむく
らいがベストです。

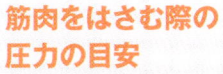

気になるところ別INDEX

10の項目ごとに改善メソッドを紹介、それぞれ3ステップ用意しています。
1項目に集中してやるもよし、いくつかの項目を一緒にやってもよいでしょう。

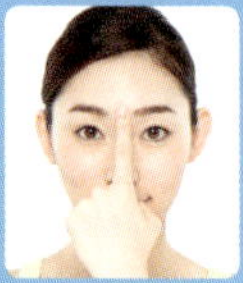

気になるところからいざ入門！

すぐに顔グセが直せる　気になるところ別

老け顔グセ脱出メソッドは

この3ステップです！

step 1

コレに気をつけるだけ！

デイリーチェック

気になるシワやたるみの項目のデイリーチェックをしましょう。
「気をつけるだけ」でシワ・たるみがみるみる消えていくポイントを紹介します。

step 2

もっと早く直したい人に！

マッサージ

「もっと早くなんとかしたい！」という人は、
マッサージも取り入れて。
がんばりすぎ筋肉をほぐし、動かしやすくすると、より早く効果が出ます。

step 3

さらにキレイになりたい人に！

クセ改善トレーニング

筋肉がほぐれたら、眠っている神経を目覚めさせ、
サボり筋肉をよみがえらせるトレーニングを。
これでリバウンドしない顔にしましょう。

ほおのシワ・たるみ 1

マリオネットしゃべりグセ 改善メソッド

ほおのシワ・たるみはなぜできる?

18ページのクセチェックで、ほおが上に動かなかった人は、口角を下に動かす筋肉を使ってしゃべっています。ほおの筋肉や脂肪はしゃべるたびに下に引っ張られて、シワを作ります。しゃべり方を変えない限り、いつまでたってもシワやたるみはなくなりません。

サボり筋肉：口角を上げる筋肉・上くちびるを上げる筋肉
がんばりすぎ筋肉：口角を横に広げる筋肉・口角を下げる筋肉

そのほか改善できるシワ・たるみ

フェイスラインのたるみ　インディアンライン　ほうれい線　ブルドッグたるみ

あなたにピッタリなのはこの3ステップです!

step 1 デイリーチェック
下あごはさみ
P35

step 2 マッサージ
ほおマッサージ
P36

step 3 トレーニング
あ・え・いトレーニング
P37

step 1 下あごはさみでデイリーチェックしてみよう

くちびるを広げすぎて話していない？

くちびるを広げすぎないよう、下あごを親指と人差し指ではさんで押さえながら、黄金比率（14ページ）から動かないようにして話しましょう。
しばらくは不自由ですが、ほおの上側の筋肉を使って話せるようになっていきます。

「い」と言ってみたときの顔はどっちの顔？

下の歯が見えない
口角の上がった「い」

下の歯を見せ、
口を横に引いている「い」

より早く効果を出したい人は、**step 2、3** に進みましょう

step 2

ほおマッサージで 口角の上にあるほおの筋肉をほぐす!

1 ほおを押さえて黄金比率に

口角と目尻が黄金比率の位置にくるように、目尻に中指の先を置いてほおを片手で押さえる。このとき手と顔の間にすき間ができないようにピッタリのせる。

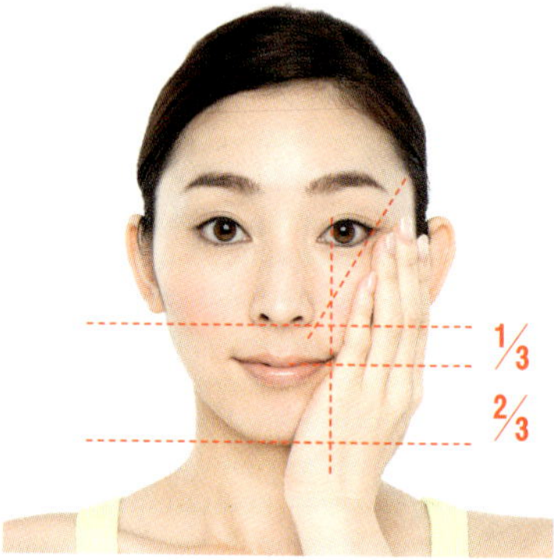

2 口の中からはさんでもむ

もう片方の親指を口の中に入れ（口角から1cmほど外側）、1の手の甲を四指で押さえながらはさみ、もむ。①から⑥のエリアを、20秒くらいずつ左手が動かないよう順にもみほぐす。

※反対側も同様に。硬さや痛さに左右差があったら、左右同じになるよう毎日続けましょう。

チェックポイント

- ☐ 手のひらがほおから離れないように
- ☐ ほおを支えている手をつかんでいますか?
- ☐ 下の歯は見せずにもむこと
- ☐ シワは作らないように実践して

引っ張りすぎでシワにしています

下の歯が見えるのはダメ

step 3 あ・え・いトレーニングで いつもの話し方を直してクセを修正!

1 指先をそろえて置く

薬指と中指の間にほうれい線のラインがくるように、ほお骨の下に指先をそろえ、軽く口を開く。

2 指を上に動かして「あ」と発音

中指が垂直に上がるよう、指でほおを上げて、口を開いて「あ」と発音する。このとき下くちびるが下がらないように。

3 斜め上に動かして「え・い」と発音

その場所から斜め上に指を動かしながら、順に「え・い」と発音。このとき下くちびるを引かないように。

4 ほおの力で動かせるか確認

最後に指を自分では動かさずに「あ・え・い」と発音し、ほおの動きだけで左右対称に動いているか確認する。正しくできないときは1～3を数回繰り返しトレーニングする。

※神経信号が通じるまで毎日続けましょう。

チェックポイント

- □ 下の歯が見えないようにできていますか?
- □ 下くちびるを広げながら話していませんか?
- □ 上くちびるを上げて話せていますか?

ほうれい線 2

横引き笑いグセ
改善メソッド

ほうれい線はなぜできる?

笑ったときに口が横や下に広がるのは、上くちびるを上げないでほほえんでいるから。このクセのせいで口角を横に引っ張る筋肉を使いすぎ、シワになるのです。口角だけを上げようとしてもおばあさんのような笑い方に。若いイキイキした笑顔を取り戻しましょう。

サボり筋肉：口角を上げる筋肉・ほお骨上の脂肪を引き上げる筋肉
がんばりすぎ筋肉：口角を横に広げる筋肉

そのほか
改善できる
シワ・たるみ

ほおの
シワ・たるみ

フェイスラインの
たるみ

ブルドッグ
たるみ

あなたに
ピッタリなのはこの
3ステップです!

step 1
デイリーチェック
**下あご
はさみ**
P39

step 2
マッサージ
**ほっぺトントン
マッサージ**
P40

step 3
トレーニング
**口角引き上げ
トレーニング**
P41

step 1 下あごはさみでデイリーチェックしてみよう

くちびるを広げて笑ってない？

おしゃべり同様、毎日下くちびるを広げるような老け顔グセをしないように。下あごを親指と人差し指ではさんで黄金比率の場所から押さえて動かないようにしましょう。上くちびるを上げ、前歯の下端が下くちびるにそっと触れるように笑いましょう。

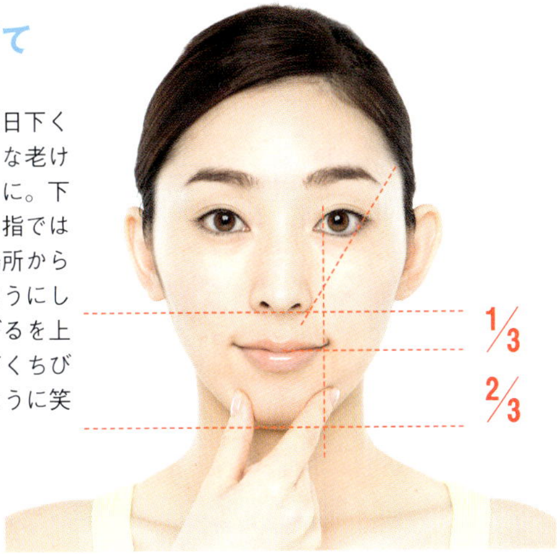

あなたの笑顔はどっちの顔？

下の歯が見えない
口角の上がった笑顔

下の歯を見せ、
口を横に引いている笑顔

より早く効果を出したい人は、**step 2、3** に進みましょう

step 2 ほっぺトントンマッサージでほうれい線のまわりやほおの筋肉をほぐす！

1 ほおを押さえて黄金比率に

目尻に人差し指の先、ほうれい線に中指を当て、口角と目尻が黄金比率の位置になるよう押さえる。指と顔にすき間ができないように。

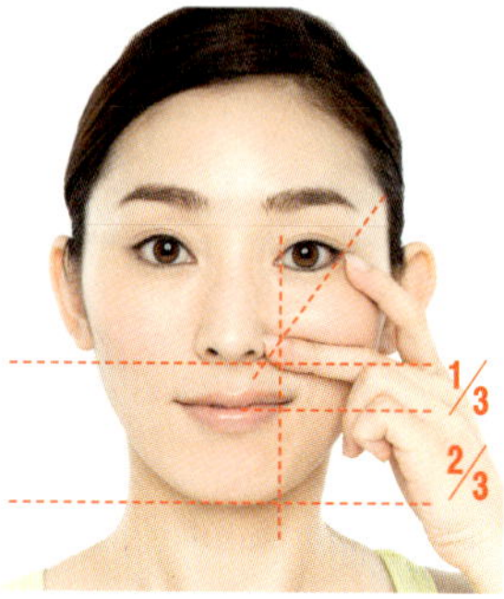

2 ほうれい線周辺をタッピングする

ほうれい線の周辺で皮膚がつっぱっているところを下から上に指先で軽く5〜6回トントンとタッピングする。上にずらしながら10セット繰り返す。

3 ほおをタッピングする

ほおの周辺で皮膚が硬くなっているところを指先で軽く1ヵ所につき5〜6回トントンとタッピングする。人差し指と中指ではさんでいるエリア内を10ヵ所くらい行う。

※反対側も同様に。硬さや痛さに左右差があったら、左右同じになるまで毎日続けましょう。

チェックポイント

- □ 指の支えが外側に広がっていませんか？
- □ 下側からタッピングできていますか？
- □ シワができていませんか？

引き上げすぎでシワになっています

下げすぎて伸ばさないように

step 3 口角引き上げトレーニングで いつもの笑い方を直してクセを修正!

1 両手で黄金比率に

目尻に人差し指の先、ほうれい線に中指を当て、口角と目尻が黄金比率の位置になるよう押さえる。

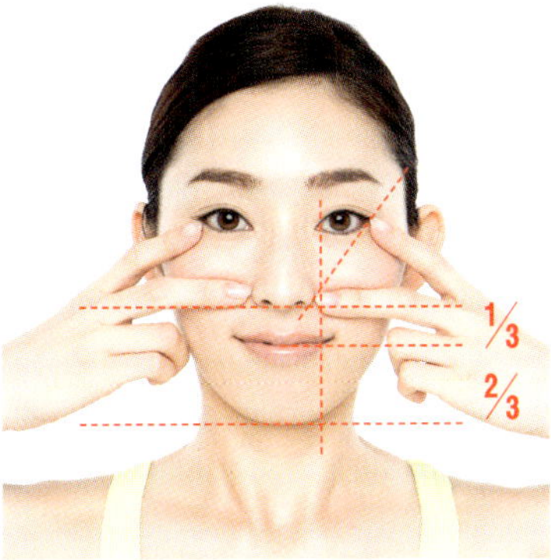

2 指でほおを上げて笑う

前歯と歯茎が出るように、指でほおを上げて目元も一緒に笑う。このとき、下くちびるを突き出したり、口角を横に開いてはいけません。 3秒×５回１セット。

3 ほおだけで動かす

最後に、指を自分では動かさずに、ほおの力だけで左右対称に動いているか確認する。

※正しくできない場合は 1 ～ 2 を数回繰り返す。
※目の下、目尻のシワができる場合は人差し指で押さえましょう。
※神経信号が通じるまで毎日続けましょう。

チェックポイント

- □ 目の下や鼻の横にシワやほうれい線ができていませんか?
- □ おでこを上げていませんか?
- □ 口角を上げられていますか?
- □ 口角を横に開きすぎていませんか?

下唇を突き出さないように

下の歯が見えるのはダメ

口元のたるみ 3

くちびる巻き込みグセ 改善メソッド

口元のたるみはなぜできる？

20ページのクセチェックで、くちびるを伸ばしてしまうクセがあった人は、口角を横に広げて話したり笑ったりしています。そうすると鼻の下のミゾ（人中《じんちゅう》）の皮膚が横に広がってたるみができてしまいます。たるんだ皮膚をいつもくちびるに巻き込んで口の中にしまうクセがついているのです。上くちびるをよせて上げて、その位置を忘れないように覚え込ませましょう。

サボり筋肉：上くちびるをよせる筋肉・上くちびるを上げる筋肉
がんばりすぎ筋肉：口角を横に広げる筋肉・口角を下げる筋肉

そのほか改善できるシワ・たるみ

ほうれい線　ほおのシワ・たるみ　ブルドッグたるみ　インディアンライン　あごのゴツゴツ

あなたにピッタリなのはこの3ステップです！

step 1 デイリーチェック
上くちびるはさみ
P43

step 2 マッサージ
くちびるマッサージ
P44

step 3 トレーニング
アヒル口トレーニング
P45

step 1 上くちびるはさみでデイリーチェックしてみよう

くちびるを巻き込んでいない？

鼻の下を伸ばし、くちびるを巻き込むクセをしないように、口角を黄金比率にあわせ、上くちびるを親指と人差し指ではさみます。マスクなどの上から押さえていれば、人前で行っても恥ずかしくないでしょう。

アヒル口にしてみたときの顔は、どっちの顔？

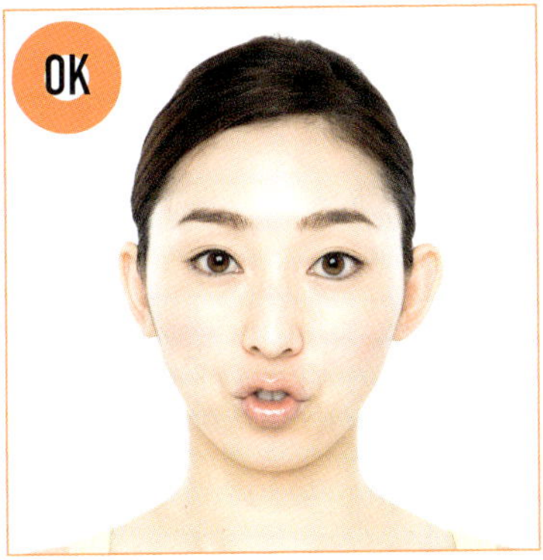

上くちびるが反り返ったアヒル口

くちびるの先がすぼまって、あごも梅干しのタネのようにゴツゴツの文鳥口

より早く効果を出したい人は、step 2、3 に進みましょう

step 2

くちびるマッサージで口まわりの筋肉をほぐす!

1 口角を黄金比率に

人差し指を口の中に入れる。口角の約１㎝外側の、厚みのある部分を親指と人差し指ではさみ、口角が黄金比率の位置になるよう指で移動する。

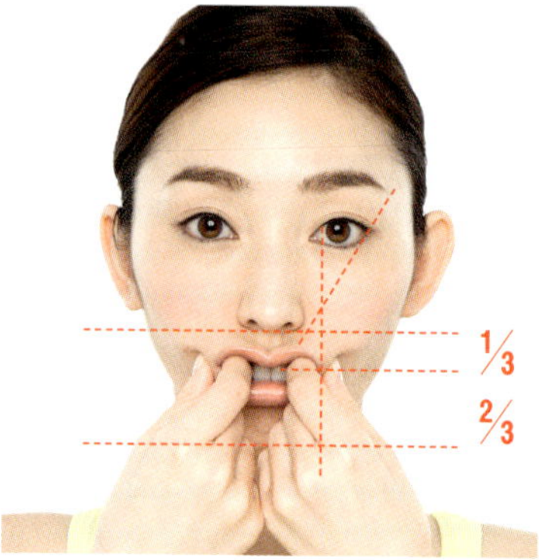

2 口の内側からもみほぐす

ほうれい線の内側から上くちびると下くちびるのエリアを、人差し指を動かしながら口の内側からもみほぐす。

※硬さや痛さに左右差があったら、左右同じになるまで毎日続けましょう。

チェックポイント

- □ 内側からもめていますか?
- □ ほうれい線の内側をもめていますか?
- □ 口角を上げてもめていますか?
- □ シワができていませんか?
- □ 指で皮膚をこすっていませんか?

広げすぎるとシワになります

下げて下の歯が見えないように

step 3 アヒル口トレーニングで くちびるの形を直して顔グセを修正!

1 人差し指で黄金比率に

人差し指をしっかり押し当て、口角が黄金比率の位置になるよう指で移動する。

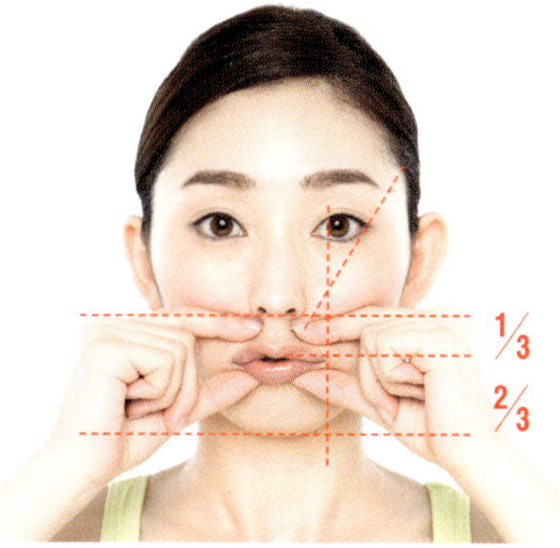

2 指で上くちびるをよせる

口笛を吹くように、指でよせながら上くちびるを縮めてよせる。このとき鼻の下に人中のミゾと両脇のヤマを作る。 3秒×5回1セット。

3 よせた上くちびるを上げる

口をすぼめたまま、上くちびるが鼻につくように指で上に動かしながら縮めて上げる。このとき下くちびるを突き出さないように。3秒×5回1セット。

4

最後に、指を自分では動かさず、上くちびるの動きだけで左右対称にアヒル口ができているか確認する。

※正しくできない場合は 1 ～ 3 を数回繰り返す。
※神経信号が通じるまで毎日続けましょう。

チェックポイント

- □ 人中と両脇のヤマを作りながらすぼめていますか?
- □ 上くちびるの先などがシワになっていませんか?
- □ 下くちびるに力が入りすぎていませんか?
- □ みけんにシワを作っていませんか?

おでこのシワ 4

眉毛上げグセ 改善メソッド

おでこのシワはなぜできる?

目の上の筋肉は、まぶたを開けるのにとても重要。その筋力が衰えると、おでこの筋肉が代わりに動くことになります。筋肉はおでこや頭の上で縮んでしまい、シワを作ります。これは、上まぶたのたるみや、さらには眼球を保護する脂肪を移動させ、目の下のたるみも作ることに。まばたきは一日1万回以上行いますので、そのクセをやめるだけでシワはなくなっていきます。

サボり筋肉：上まぶたを上げる筋肉
がんばりすぎ筋肉：眉毛を上げる筋肉

そのほか改善できるシワ・たるみ

目の下のシワ・たるみ　鼻根のシワ　目頭のシワ　目尻のシワ　目の上のシワ・たるみ・くぼみ

あなたにピッタリなのはこの3ステップです!

step 1 デイリーチェック
おでこ押さえ
P47

step 2 マッサージ
おでこマッサージ
P48

step 3 トレーニング
上まぶたトレーニング
P49

step 1 おでこ押さえでデイリーチェックしてみよう

おでこにシワをよせて目を開けていない？

目を開けるときにおでこを上げてシワを作らないようにしましょう。おでこに手を当て、眉毛を黄金比率にあわせて押さえ、目を開けるときに眉毛が上がらないかチェックしましょう。

まぶたを開けたとき、あなたはどっちの顔？

手を離しても眉毛の位置は
そのままで、目はパッチリ

手を離したら眉毛が上がり、
目の上がくぼんだ疲れ顔

より早く効果を出したい人は、**step 2、3** に進みましょう

step 2 おでこマッサージで筋肉をほぐし、シワ・たるみを改善!

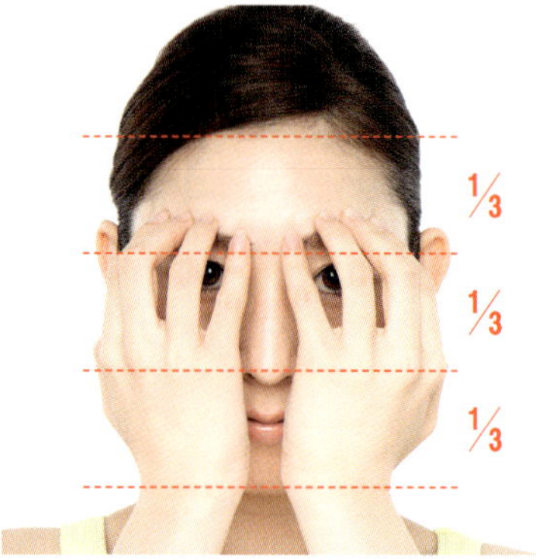

1 眉毛を押さえて黄金比率に

指先を眉毛の上に置き、指圧をするように骨に指を押し当て、眉毛の位置が黄金比率の位置になるようにする。

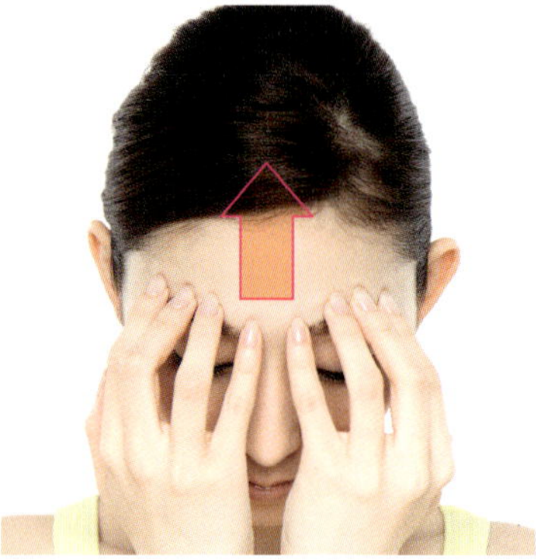

2 小さく後ろに動かす

1のまま、指圧したまま指をずらさずに小さく4回頭を後ろに動かす。

3 押し当てながら後ろに移動させる

2の動作を、頭の上から後ろまで指を移動させながら行う。指をしっかり押し当て、徐々に移動することで、後ろへ縮んだ筋肉をまんべんなくもめる。

チェックポイント

- □ しっかり指を押し当てながらできていますか?
- □ 指で皮膚をこすっていませんか?

後ろに引っ張らないように

step 3 上まぶたトレーニングで いつものまばたきを直してクセを修正!

1 まぶたの上に小指を置く

片手を眉毛の上に置き、眉毛の位置が黄金比率の位置になるよう押さえる。もう一方の小指の先を上まぶた外側のまつ毛の根元に置き、軽く目を閉じる。

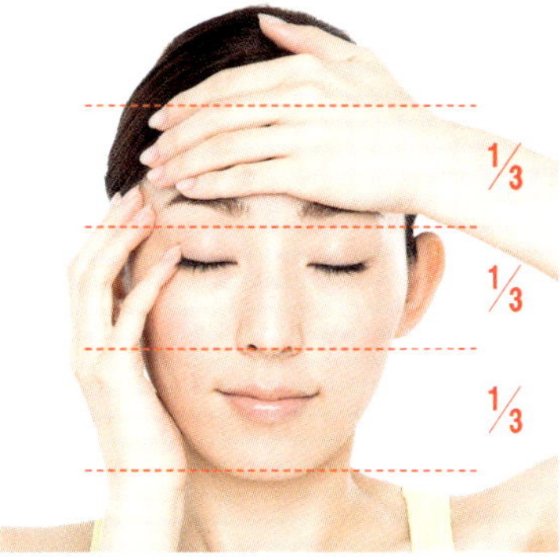

2 大きく目を開ける

小指の先でそっとまぶたを持ち上げ、おでこを動かさないようにしっかり押さえて目を開く。左右3秒×5回1セット。

3 おでこを押さえて目を開ける

眉毛が1の状態になるよう両手でおでこを押さえて軽く目を閉じ、目の上のミゾにまぶたをたたみ込むように目を開く。おでこを動かさないように。3秒×10回1セット。

※おでこが動いてしまう場合は数回繰り返す。
※神経信号が通じるまで毎日続けましょう。

チェックポイント

□ 眉毛を上げずにまぶたを上げられていますか?

□ 小指で眼球を押したり、触ったりしていませんか?

目の下のシワ・たるみ 5

目頭ギュッと閉じグセ 改善メソッド

目の下のシワ・たるみはなぜできる?

まぶたを閉じるとき、必要以上に強く閉じている人がいます。しかも使いやすいみけんや目頭側の筋肉ばかりを使うので、こわばり、シワの原因に。目の下の皮膚は顔の中でいちばん薄く、その部分を使わなくなるとすぐにたるんでしまいます。目の下の筋肉をきちんと使うようになると、自然にみけんや目頭側の筋肉を使わなくなり、シワがとれて皮膚も丈夫になります。

サボり筋肉：下まぶたを閉じる筋肉
がんばりすぎ筋肉：まぶたを閉じる目頭側の筋肉・みけんをよせる筋肉

そのほか改善できるシワ・たるみ

鼻根のシワ　目頭のシワ　目尻のシワ　みけんのシワ　インディアンライン

あなたにピッタリなのはこの3ステップです!

step 1 デイリーチェック
目尻上げ
P51

step 2 マッサージ
パンダマッサージ
P52

step 3 トレーニング
下まぶたトレーニング
P53

step 1 目尻上げでデイリーチェックしてみよう

目の下にシワを作らないよう、目尻と目頭に指を当て、目尻を黄金比率にあわせて、目を閉じます。閉じたときに目頭がよらず、目尻が上がっているかチェックしましょう。ギュッと力を入れすぎないように。

ウィンクしたら、あなたはどっちの顔？

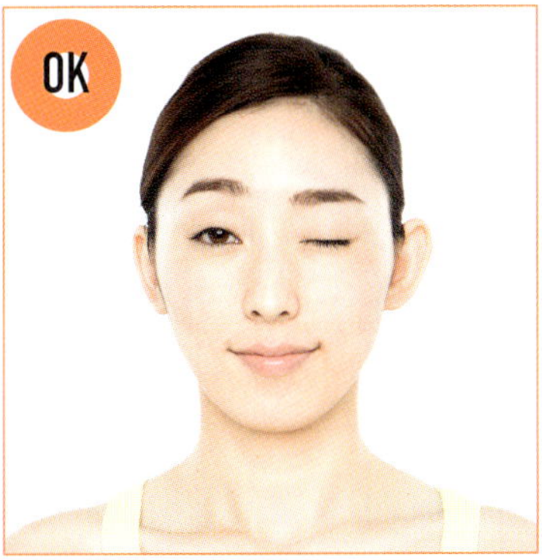

眉毛もよりません

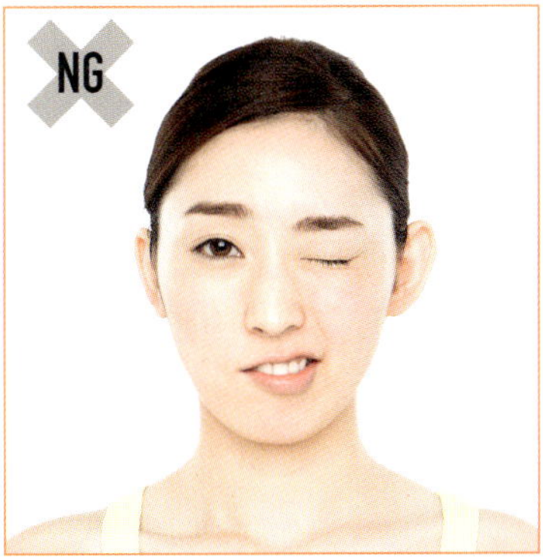

目のまわりがシワシワ、下まぶたより
口がたくさん動いてしまうひょっとこ顔

より早く効果を出したい人は、step 2、3 に進みましょう

step 2

パンダマッサージで目のまわりの筋肉をほぐす!

1 ほおを押さえて黄金比率に

両ほおに指をそろえて置き、目尻が黄金比率の位置になるよう少し持ち上げて押さえる。指圧をするように、骨に指を押し当てる。

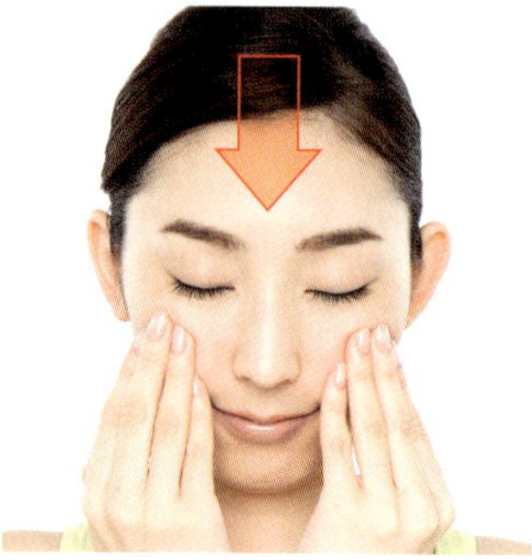

2 小さくうなずく

1のまま、指を押し当てて小さく頭を動かし4回うなずく。

3 場所を移動して繰り返す

指をしっかり押し当て4回ずつうなずきながら、こめかみ、眉毛の上まで指を移動させる。徐々に移動してうなずくことで、全体の筋肉をまんべんなくもむ。

※硬さや痛さに左右差があったら、左右同じになるまで毎日続けましょう。

チェックポイント

- □ 皮膚を引き下げずにやっていますか?
- □ しっかり指を押し当てながらできていますか?
- □ 指で皮膚をこすっていませんか?

大きく動かしてシワにならないように

皮膚を引っ張ってはダメ

step 3

下まぶたトレーニングで いつもの目の閉じ方を直してクセを修正!

1 目尻を黄金比率に

右手を眉毛の上に、左手の人差し指を目尻、他の指先をほおの上に置き、目尻の位置が黄金比率の位置になるよう押さえる。手を当てたあと、軽く目を閉じる。

2 目を強めに閉じる

左手でそっと下まぶたを持ち上げながら、目を強めに閉じる（7～8割程度の力）。眉毛が内側に動かないようにする。3秒×5回1セット。

3 まぶたの動きだけで確認

指を自分では動かさず、下まぶたの動きだけで左右対称に動いているか確認する。3秒×5回1セット。

※反対側も同様に。
できない場合は1～2を数回繰り返す。

※神経信号が通じるまで毎日続けましょう。

チェックポイント

- □ 下まぶたが上へ動いている感覚はありますか?
- □ 下まぶたを引き下げていませんか?
- □ みけんをよせてやっていませんか?
- □ 口を引いてやっていませんか?

シワを作らないように

目をちゃんと閉じましょう

みけんのシワ 6

眉毛よせグセ改善メソッド

みけんのシワはなぜできる?

パソコンなどに集中していると、無意識にみけんをよせてしまい、みけんにシワができてしまいます。目をこらしてものを見るときに、下まぶたの筋肉を動かさないので、みけんの筋肉が代わりに働いているのです。みけんの筋肉をほぐして、下まぶたの筋肉を日常無意識に使えるようにしましょう。

サボり筋肉：下まぶたを閉じる筋肉
がんばりすぎ筋肉：みけんをよせる筋肉

そのほか
改善できる
シワ・たるみ

鼻根のシワ

目頭のシワ

あなたに
ピッタリなのはこの
3ステップです!

step 1
デイリーチェック
みけん広げ
P55

step 2
マッサージ
みけんマッサージ
P55

step 3
トレーニング
下まぶたトレーニング
P56

step 1 みけん広げで デイリーチェックしてみよう

眉頭をよせてない？

目を閉じるときにみけんをよせていないか、眉頭に指を当て、目を閉じたり開けたりしましょう。目を閉じたときに眉頭がよらないよう注意して。

より早く効果を出したい人は、step 2、3 に進みましょう

step 2 みけんマッサージで みけんの筋肉をほぐしてシワを改善！

1 みけんに人差し指を置く

みけんの真ん中に、人差し指を置く。指圧をするように、骨に指を押し当てる。

2 小さくうなずく

1のまま、ずらさないよう指を押し当てて小さく頭を動かし、4回うなずく。

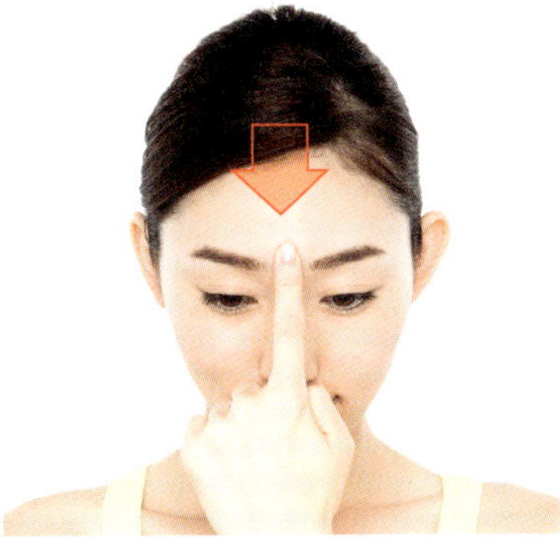

チェックポイント

- □ しっかり指を押し当てながらできていますか?
- □ 指で皮膚をこすっていませんか?

みけんをよせていませんか？

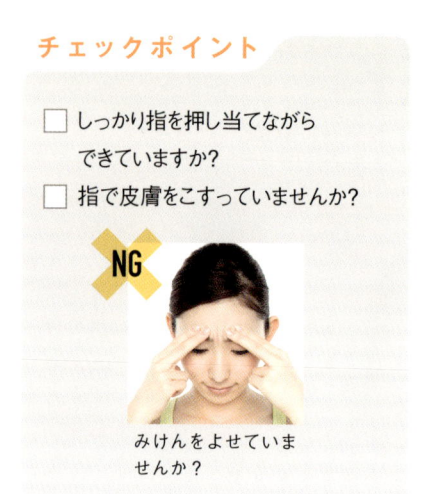

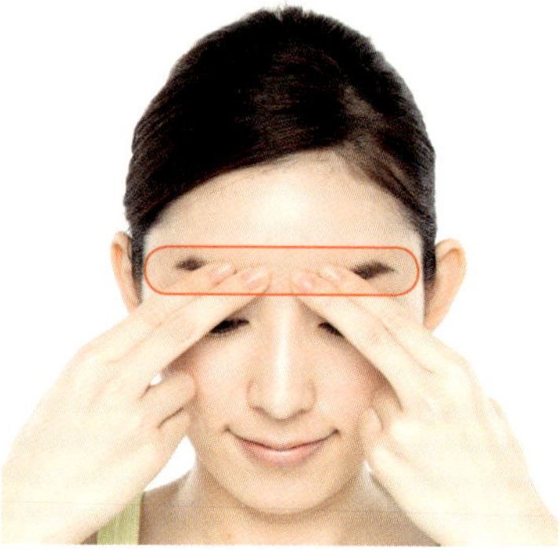

3 押し当てながら移動させる

みけんの真ん中に左右の指を２本ずつ置き、１のように指をしっかり押し当て、４回ずつうなずく。それを眉毛の端まで指を１本ずつ移動させながら繰り返す。徐々に移動させてうなずくことで、筋肉をまんべんなくもむ。眉毛の上と下も同じようにもむ。

step 3 下まぶたトレーニングで いつもの目の閉じ方を直してクセを修正!

53ページのトレーニングを行いましょう

みけんのシワは、目を閉じるときに下まぶたの筋肉が動かないため、みけんの筋肉が代わりに働き、できてしまいます。みけんのこわばりをとるだけでなく、使いすぎないように、下まぶたをトレーニングしましょう。

Topics

目が疲れやすいのは、目頭がこっているから!?

目頭マッサージ

みけんをよせていると目頭も一緒によるため、こってしまうことが多くなります。目頭の筋肉がこっていると、目の下のたるみ、疲れ目、くまも悪化することに。

目のまわりのこりをほぐし、下まぶたの筋肉も動くようになれば、血行が良くなり、目の疲れはとれていきます。

みけん・目頭・目の下のシワ・たるみをなくして、疲れ目ともサヨナラしましょう。

1 目頭に人差し指を置く

左右の目頭に人差し指を置く。指圧をするように、骨に指を押し当てる。

2 外側に回す

指を押し当てた場所を動かさないように、外側に回す。

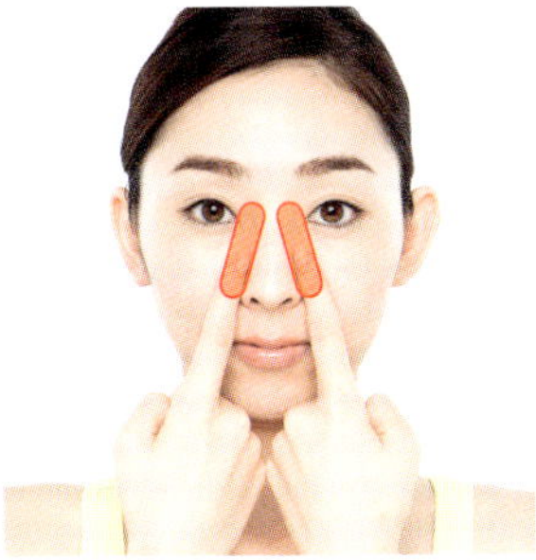

3 小鼻の上まで繰り返す

指を少し下に移動させ、同じように繰り返す。小鼻の上まで行う。

＊目の上に温かい蒸しタオルを置くのも効果的です。ただし、お湯が蒸発するときに皮脂を奪ってしまうので、ビニール袋に入れて直接肌を濡らさないように行いましょう。ほんのり汗をかくくらいが適温です。

首のシワ・たるみ 7

あご出しグセ改善メソッド

首のシワ・たるみはなぜできる？

あごを出す悪い姿勢をとっていると、首の前側の筋肉は伸ばされて筋力が低下してたるんでしまいます。首の後ろ側の筋肉は、頭を支えるためこって硬くなり、さらなる姿勢悪化の原因に。姿勢がよくなれば、あごが引きやすくなり首の前側は動かしやすくなるので、引き締まっていきます。

サボり筋肉：首の前側の筋肉
がんばりすぎ筋肉：首の後ろ側の筋肉

そのほか改善できるシワ・たるみ

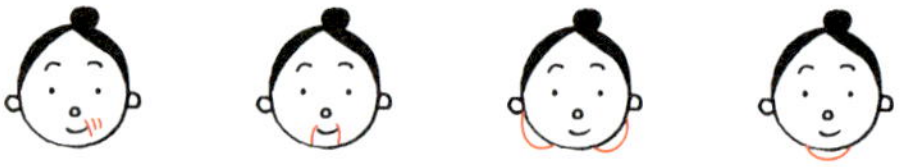

ほおのシワ・たるみ　ブルドッグたるみ　フェイスラインのたるみ　あごのたるみ

あなたにピッタリなのはこの3ステップです！

step 1 デイリーチェック
あご押さえ
P59

step 2 マッサージ
首フリフリマッサージ
P60

step 3 トレーニング
首トレーニング
P61

step 1

あご押さえで デイリーチェックしてみよう

あごを上げて テレビを見ていない？

座ってパソコンやテレビを見ていると、あごが上がってしまいます。首の前をたるませる老け顔グセをしないよう、あごを指で押して後ろ側に引きましょう。丹田（おへその10㎝下）も後ろ側に引くと重心が安定して、あごが引きやすくなります。

首を縮めたら、あなたはどっち？

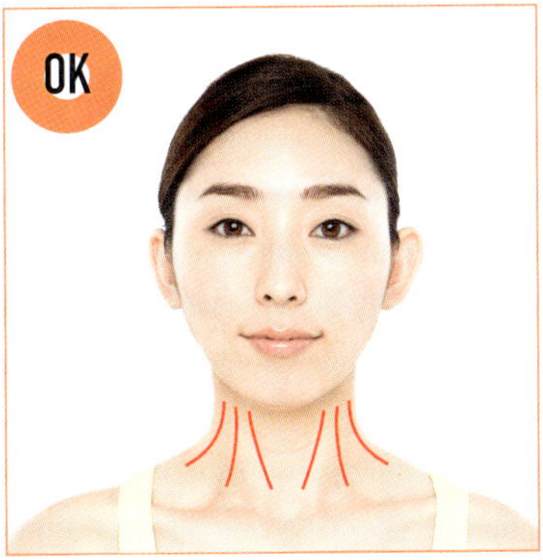

口角が下がらず、首の前側が上がってスジが見えればOK

スジが出ず、口角が下がってしまう、歌舞伎顔

より早く効果を出したい人は、**step 2、3** に進みましょう

step 2

首フリフリマッサージで

首の筋肉をほぐして姿勢を改善!

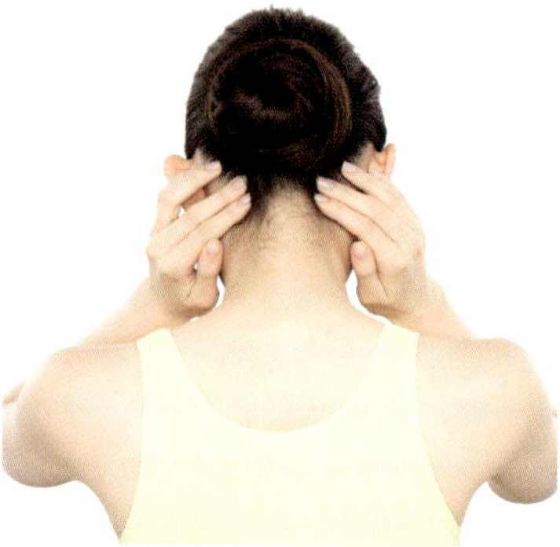

1 首と頭の境目に指を置く

首と頭の境目に指をそろえて当て、あごを引く。指圧をするように、骨に指を押し当てる。

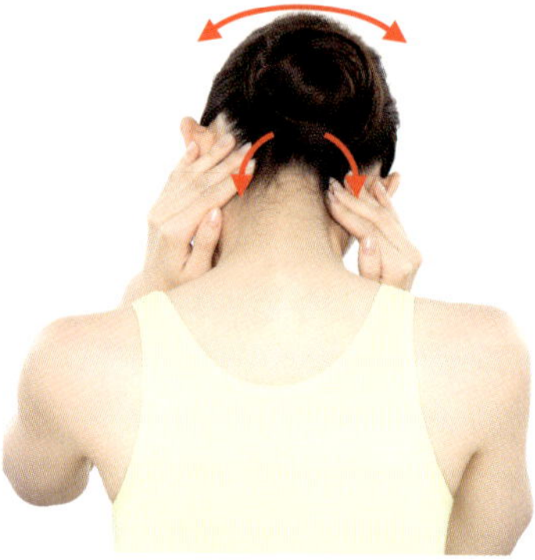

2 押さえながら左右に揺らす

押し当てた指を左右に動かし、あごを引きながら頭を左右に揺らす（約30秒）。

3 押さえながら前後に揺らす

押し当てた指を前後に動かし、あごを引きながら首を前後に揺らす。頭の重みでうなずくように（約30秒）。

チェックポイント

- □ 首と頭の境目を押さえていますか?
- □ あごを引いていますか?

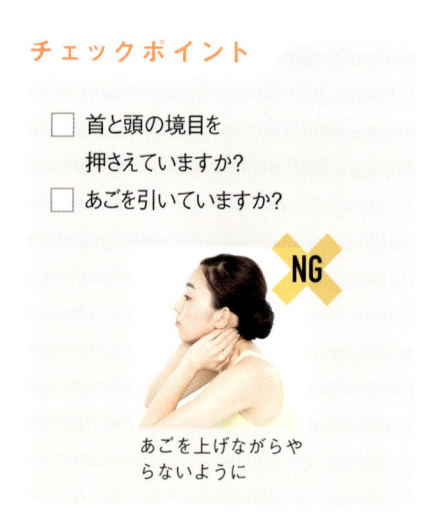

あごを上げながらやらないように

step 3 首トレーニングで姿勢を正してクセを修正!

1 首を押さえる

左手を首の前側に密着させ、右手の人差し指と親指を口角に置き、黄金比率の位置になるよう押さえる。

2 首を縮める

左手を持ち上げながら、首を上に縮めるよう、強め（7～8割程度の力）に首の前側を動かす。口角が下がらないように右手で押さえる。3秒×5回1セット。

※首の前側が動かない場合や、左右対称にできない場合は 1 ～ 2 を数回繰り返す。

※神経信号が通じるまで毎日続けましょう。

3 首の筋肉だけで動かす

左手を動かさず首の前側の筋肉の力だけで、首を上に縮めるよう左右対称に動かす。3秒×5回1セット。

チェックポイント

- □ 首の前の皮膚をシワにしながらやっていませんか?
- □ あごを上げてやっていませんか?
- □ 口角を下げてやっていませんか?

あごを上げたり、口を広げないように

あごのたるみ 8

舌下げグセ改善メソッド

あごのたるみはなぜできる？

舌を上げる筋力は年齢とともにだんだん衰えるため、舌の位置が下がります。舌の根元はあごにあり、舌が下がるとともにあごの下もたるんでしまうのです。舌を上げて生活すると、あごのたるみがとれるだけでなく、使いすぎになっていた口まわりを引き下げる筋肉のこわばりがとれるので、口全体が自然に引き上がります。

サボり筋肉：舌を動かす筋肉
がんばりすぎ筋肉：下くちびるを下げる筋肉・下くちびるを突き出す筋肉

そのほか改善できるシワ・たるみ

フェイスラインのたるみ　あごのゴツゴツ　首のシワ・たるみ

あなたにピッタリなのはこの3ステップです！

step 1 デイリーチェック
舌上げ
P63

step 2 マッサージ
舌上げマッサージ
P64

step 3 トレーニング
舌上げトレーニング
P65

step 1

舌上げで
デイリーチェックしてみよう

(口の上歯側)

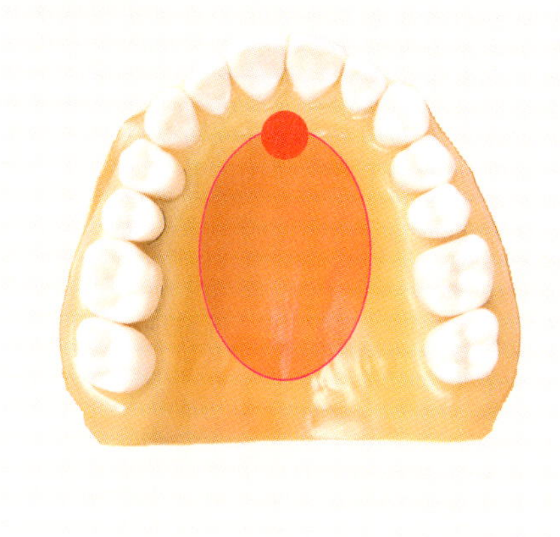

舌が下がっていない?

舌の位置が下がれば、おしゃべりもご飯を食べるときも下がった位置で行うことになり、老け顔になるいっぽうです。舌の先は上前歯の根元(スポット)、舌の真ん中は口の天井にいつも触っているようにしましょう。最初は5分、慣れたら1時間、というふうに時間をのばして。一日中ずっと舌を上げていられるのが理想です。

舌を上げたとき、あなたの舌はどっち?

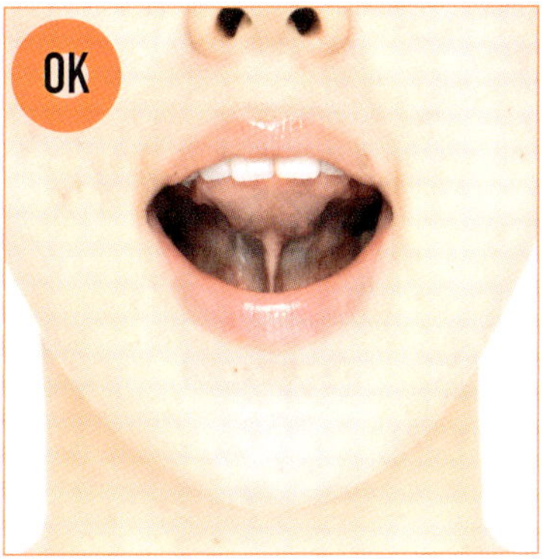

舌がしっかり口の天井まで上がっていれば、
少し口を開けたときに奥まで見えます

舌を上げたくても真ん中が
上がらなければ、舌の裏が見えます

より早く効果を出したい人は、step 2、3 に進みましょう

step 2

舌上げマッサージで 舌を動かして筋肉をほぐす!

1 舌をスポットに当てる

舌の先を上前歯の根元の少し膨らんだところ（スポット）に当てる。

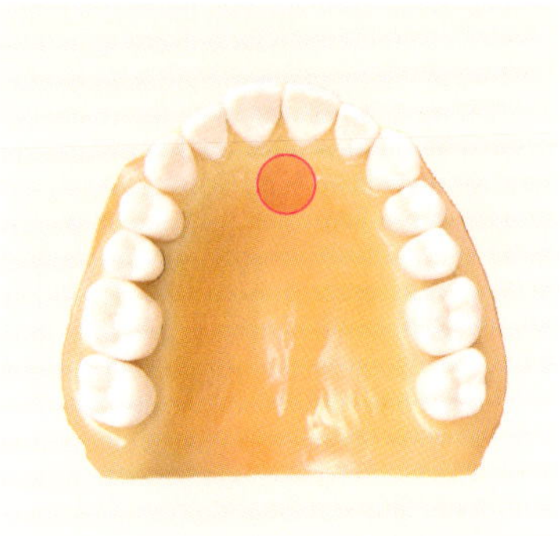

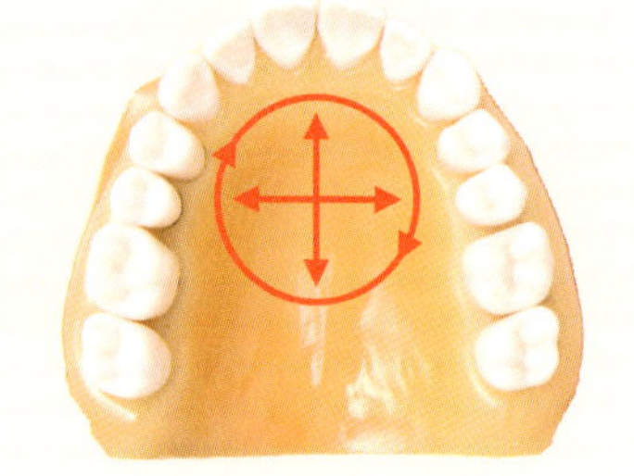

2 下あごを動かさないように舌を動かしてみる

舌を口の天井に押し上げながら、縦・横・右回り・左回りを２回ずつ繰り返す。前後左右、動かし方に差がないよう行う。

チェックポイント

- □ 舌が前後左右同じように動いていますか?

舌を回すとき、下あごが動いている

step 3 舌上げトレーニングで 舌を若いときの位置に上げ、クセを修正！

1 舌でスポットを押し上げる

舌の先を上前歯の根元の少し膨らんだところ（スポット）に当て、舌でその場所を押し上げる。20秒×2セット。

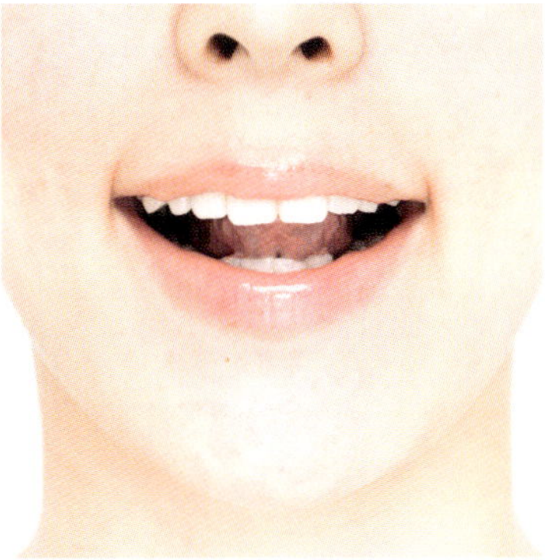

2 舌の真ん中まで押し上げる

舌の先は1の場所で、徐々に舌の真ん中まで口の天井に押し上げる。くちびるは力まないように。小鼻の横を押し上げて上くちびるを上げると舌も上げやすくなる。20秒×2セット。

チェックポイント

- □ スポットに舌先が当たっていますか？
- □ 舌先が前歯に触っていませんか？
- □ 舌の真ん中が口の天井についていますか？

口を引き下げないように

3 舌を天井に押し上げたまま口を開く

舌を口の天井に押し上げたまま下あごを下げ、口を開く。舌の中央が上がっていれば、舌の根が次第にストレッチされる。20秒×2セット。

ブルドッグたるみ 9

への字食べグセ 改善メソッド

ブルドッグたるみはなぜできる?

舌を下げ、口の天井との間を開けて食べていると、下歯の部分のほおぶくろに食物がたまり、口角も下がってやがてシワができます。つまり、食べるたびに老け顔に……。舌を上手に使って食べるようになると、「への字」にして食べる筋肉のクセがなくなり、口角の横や下にあるシワがなくなっていきます。

サボり筋肉：舌を動かす筋肉

がんばりすぎ筋肉：下くちびるを下げる筋肉・下くちびるを突き出す筋肉・口角を下げる筋肉

そのほか改善できるシワ・たるみ

ほうれい線　ほおのシワ・たるみ　あごのゴツゴツ　フェイスラインのたるみ　口元のたるみ

あなたにピッタリなのはこの3ステップです!

step 1 デイリーチェック
ほおぶくろ押さえ
P67

step 2 マッサージ
舌上げマッサージ
P68

step 3 トレーニング
ゴックントレーニング
P68

step 1

ほおぶくろ押さえでデイリーチェックしてみよう

下ほおにためないように押さえて

食事中、口角の斜め下のほおを押さえて、食物がそこに入らないようにしましょう。奥歯で噛むときに、ほおぶくろにためないよう舌を使って歯の内側に入るようにします。30回噛んだら自然に飲み込めるくらいの量をひと口にしましょう。
舌の位置はなるべく上げて食べ、やわらかいものは口の天井と舌の間ですりつぶして食べて。
飲み込むときは、舌の先はスポット（P63）につけたまま飲み込みましょう。

あなたのゴックンはどっちの顔？

くちびるは動かず、
上品に飲み込める

くちびるを閉じて前歯に
舌を押し当てないと飲み込めない

より早く効果を出したい人は、**step 2、3** に進みましょう

step 2 舌上げマッサージで舌を動かして筋肉をほぐす!

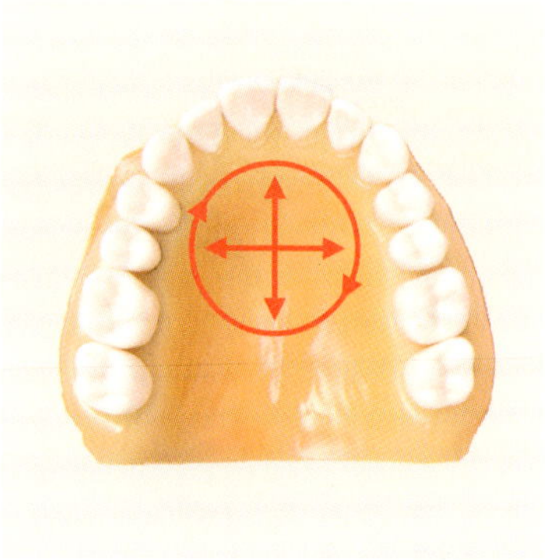

64ページのトレーニングを行いましょう

舌を上に押し上げる筋力は年齢とともに衰え、その代わりに口角を広げ、下げる筋肉を酷使してシワやたるみになります。舌の筋肉をほぐして、舌の器用さを取り戻しましょう。

step 3 ゴックントレーニングで舌を上げて飲み込み、クセを修正!

1 舌を口の天井に押し上げる

舌の先を上前歯の根元の少し膨らんだところ（スポット）に当て、次に舌の真ん中を口の天井に押し上げる。

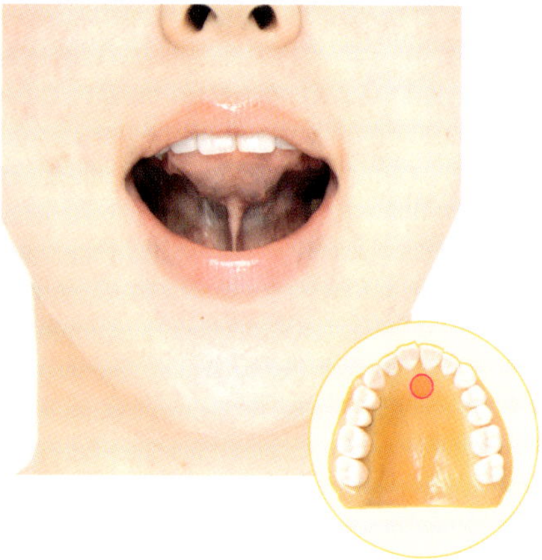

チェックポイント

- □ くちびるを閉じていませんか?
- □ 口角を下げて飲み込んではいませんか?
- □ 上前歯に舌の先が当たっていませんか?
- □ 飲み込むときもくちびるを閉じてはいけません

2 くちびるを閉じずにつばを飲む

1の状態で上下の歯を閉じたまま、くちびるは閉じずに脱力してつばを飲み込む。このとき舌を上前歯につけないように気をつけて。

Topics

エラが張ってフェイスラインが広がるのは、噛む筋肉のせいです

1

奥歯で噛みながら、ほお骨からエラの角までを触り、筋肉が硬くなる場所を確認する。左右差もチェックする。

2

指先で1の部分を押し、もう一方の人差し指と親指であごの骨をしっかりはさみ、下に引く。指1本分だけ口を開ける。指圧したまま指をずらさないように。

3

あごをはさんだ手で下に抵抗をかけながら、下あごを閉じる。ほおに置いた手は、1の部分をまんべんなくしっかり指圧する。

咬筋マッサージ

舌の位置が下がると、噛む筋肉は引き伸ばされます。その状態でもご飯を食べなくてはいけないので、疲れてこわばってしまいます。また、精神的なストレスも、無意識に奥歯を噛みしめたりして、ムダに噛む筋力を使ってしまう原因となります。噛む筋肉をほぐして、シャープなフェイスラインを手に入れましょう。

※顎関節症の方は専門医の意見を聞いてから行ってください。

※ほおの内側を噛まないよう気をつけて。

＊エラを張らせないようにするには、奥歯をあわせないよう意識するなど、噛む筋肉を酷使しないことが大切です。これで肩こりも改善します。

くちびるのたてジワ 10

きんちゃく飲みグセ 改善メソッド

くちびるのたてジワはなぜできる?

舌を下げ、下くちびるに飲み物を受けながら飲んでいると、飲み込むときに鼻の下を伸ばし、くちびるの先をすぼめて飲むクセがつき、くちびるがシワシワになってしまいます。上くちびるをよせて上げ、舌を上手に使って飲めるようになりましょう。かわいいアヒル口の形で飲めるようになるのが理想です。

サボり筋肉：上くちびるをよせる筋肉・上くちびるを上げる筋肉・舌を動かす筋肉

がんばりすぎ筋肉：下くちびるを下に巻く筋肉・口角を下げる筋肉

そのほか改善できるシワ・たるみ

ほおのシワ・たるみ

ブルドッグたるみ

あごのゴツゴツ

あごのたるみ

あなたにピッタリなのはこの3ステップです!

step 1 デイリーチェック
アヒル口はさみ
P71

step 2 マッサージ
くちびるマッサージ
P72

step 3 トレーニング
アヒル口飲みトレーニング
P72

step 1 アヒル口はさみでデイリーチェックしてみよう

うけ口で飲んでない？

上下のくちびるで均等にコップをはさむように飲みましょう。アヒル口が理想です。

口に含んだ飲み物は、舌の上を通してのどの奥に送り込みます。舌先はスポット（P63）に当てます。少し吸うようにすると飲みやすくなります。

下くちびるを広げてガバガバ飲むのはやめ、舌の上を流れるくらいの量をひと口にしましょう。

コップをはずして、あなたの飲み込み方はどっち？

上くちびるが反り返った
アヒル口

くちびるの先がすぼまってシワシワ、あごも
梅干しのタネのようにゴツゴツの文鳥口

より早く効果を出したい人は、**step 2、3** に進みましょう

step 2 くちびるマッサージで口まわりの筋肉をほぐす!

44ページのマッサージを行いましょう

上くちびるを上げたりよせたりする筋肉は普段使われないため、筋肉がこわばっています。
筋肉をほぐして、上くちびるの器用さを取り戻しましょう。

step 3 アヒル口飲みトレーニングで上くちびるを上げて飲み込み、クセを修正!

1 上くちびるを縮めて上げる

45ページのアヒル口トレーニングのやり方で口をすぼめたまま、上くちびるが鼻につくように、指で上に動かしながら縮めて上げる。舌の先はスポットに置く。

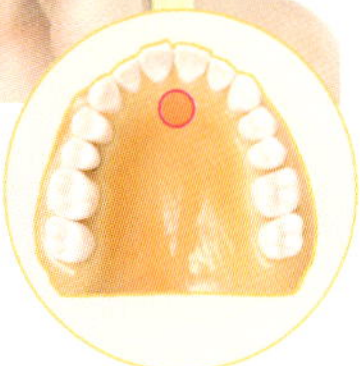

チェックポイント

- □ 人中と両脇にヤマを作りながらすぼめていますか?
- □ 上くちびるの先などをシワにしてすぼめていませんか?
- □ 下くちびるは上くちびるより力まずよせ上げができていますか?
- □ 上前歯に舌が当たっていませんか?

下くちびるの力が強いと、くちびるの先がシワシワに

2 息を吸う

1の状態で舌を少し下げ、アヒル口のすき間から息を吸う。上くちびるにストローをはさんで吸っている感覚で。このときも舌の先は上前歯につけず、スポットに置く。

Topics

ほおを斜め下に走る線は、口を下げて生活するクセが原因です

40ページの
[ほっぺトントンマッサージ]

指ではさんだエリアのインディアンラインの上下を多めにトントンする。
※インディアンラインは触らないように気をつけましょう。

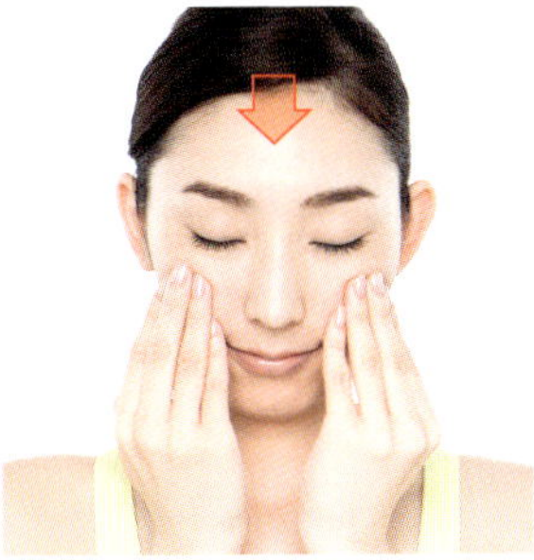

52ページの
[パンダマッサージ]

人差し指でインディアンラインの外側を上に上げ、他の指をそろえてマッサージする。

53ページの
[下まぶたトレーニング]

ほおを支える指でインディアンラインの外側を上に上げ、トレーニングする。

ほおの上部を斜め下に走るくぼみのようなシワは、インディアンラインといわれています。この線はなんと目の筋肉とほおの脂肪の境目。口の筋肉が脂肪を下げると目の筋肉との境目が引き伸ばされ広くなり、線が目立ってくるのです。
口を引き下げるクセを直すとほおが上がり、それと同時に筋肉のこりをほぐすと改善します。気になる人は、各メソッドの中にインディアンラインのケアをプラスして行ってみましょう。

＊インディアンラインは赤ちゃんでも出ることがありますが、下がってくると老けた印象になります。外側の端が少し上がっただけでも印象が変わります。かわいいほっぺになりましょう。

土門先生の**ダイエット**三ヵ条

「美肌三ヵ条」につづいて、ここではダイエットに役立つコツをご紹介します。顔だけでなく体の中からキレイになりましょう。

一、カロリーを減らすより栄養バランス重視

栄養バランスが崩れると、足りない栄養素を補うために小腹が空き、ついつい間食してしまいます。インターネットのカロリー計算HPなどに３日分くらいの食事を入力し、まずは自分に不足している栄養素を把握しましょう。その栄養素が含まれる食材を追加すると、余計な小腹が空きませんよ。

二、お腹を引っ込めて暮らす

腹筋が弱いとお腹が出てきます。いつもお腹に力をこめて引っ込めておきましょう。常に意識して行っていると、無意識に引っ込め続けられるようになります。私は10歳のときにこの方法で幼児体型から脱出しました。

三、よく歩き、たまに走る

１日１万〜１万２千歩くらいは歩きましょう。このとき、足の裏が後ろから見えるようにけり出し、一歩は大きめで。そしてたまに走ってみたり、ジャンプしたりして、持久系と瞬発系の筋肉を両方使うといい脚の形になります。ただ、疲れるほど歩きすぎたり走ったりするのはダメです。

Chapter 3

どうして老け顔グセをやめられない?

いつのまにか習慣になっている老け顔グセは
なぜやってしまうの?
クセのメカニズムをご紹介します。

老け顔グセの原因は、筋肉を動かす神経だった！

顔の表面にはたくさんの「表情筋」という筋肉があり、脳と神経でつながっています。脳からの神経信号でこの表情筋が動き、目を開閉したり、口を動かしたりしています。

そのなかでも、重力に逆らって動いている筋肉は、ただでさえ動くのが大変なうえに、毎日使われ続けるので、疲れて動きにくくなりサボり筋肉になっていきます。でも、まぶたや口が動かなければ目が見えなくなったりご飯が食べられなくなって大変ですから、そのときに、ラクに動く重力に逆らわない筋肉ばかり、つい頼ってしまうため、がんばりすぎ筋肉を作ることになります。それが老け顔グセになるしくみです。

動かなくなった筋肉は、なくなったわけではないのですが、電源が入っていないパソコンのように、働かなくなるのです。老け顔グセを直すには、機械に電気を流すように、まずは脳からの神経信号を動いていなかった筋肉に伝え、若々しく顔を動かすパターンに教育し直すことが大切です。

それには、脳にさまざまな刺激を与えて、その筋肉の存在を気づかせ、神経信号を新たに送らせる必要があります。鏡を見て視覚的に筋肉の場所を確認したり、筋肉の場所を触って触覚から刺激を与えたり、手でアシストして筋肉の動く方向を教えたりするトレーニングが必要になります。

そうするうちに脳は「この筋肉を動かせばいいんだな」と正しく信号を送ることができるようになり、老け顔グセを改善できるのです。

いままで使っていた老け顔グセの神経回路は、最初はなかなかやめられません。でも、なかなかできなくてもすぐにあきらめないで。新しく筋肉を使い始めると、脳が必要と思ったところにはしだいに新しい神経を伸ばして、運動する筋肉に足を広げていきます。だんだんと使われる筋肉が多くなってくると、動いていなかった筋肉が結果的に鍛えられていくのです。

神経信号を新たに送り出す、世界初の美顔トレーニングで、効率的に若返りましょう。

〝筋トレ〟が顔筋バランスを崩してさらなる老け顔に

筋肉は使われすぎると、こわばってシワを作ります。使わなくなった筋肉は張りがなくなり、たるみの原因になります。さらに目尻や口角の位置は筋肉の位置に影響を受けやすいので、下がっていきます。

そんな顔になったら、「これは鍛えないといけない」と思って筋トレをしますよね。しかし、それがもっとシワやたるみを悪化させる原因になります。なぜなら、鍛えたい筋肉は神経信号の伝わりが悪くなっているので動かず、結局シワを作る筋肉を酷使し、老け顔グセを強めてしまうからです。

口のまわりは丸いドーナツのような形の筋肉で囲まれ、口角を上下左右に動かす筋肉が外側にくっついています。上の筋肉がギュッと短くなれば口角を上げ、横の筋肉がギュッと短くなれば口角を広げるよう、綱引きのように口角の位置を調節しています。ところが、先述したように、口角を上げる筋肉は重力に反して動いているので、動かすのが大変。口角を上げようと上の筋肉を鍛えるつもりでも、神経信号の伝わりが悪くなっているため動かず、神経信号の伝わりやすい、横に広げる筋肉が代わりに動いてしまい、結局、口が横に広がる老け顔グセのトレーニングをしてしまうのです。

上くちびるはよせて上げる筋力が落ちて、横に引っ張る筋肉が働きすぎるので広がり、ほうれい線の原因になります。まぶたを上げる筋力が落ちると、おでこの筋肉が眉毛ごとまぶたを上に引っ張るので、おでこのシワやまぶたのたるみの原因になります。このように筋肉が引っ張り合っていると、若かったころの顔筋バランスがどんどん崩れ、口角や目尻が下がり、シワやたるみを作ってしまうのです。

顔の筋肉は元々が繊細な表情を作るための性質をもっているため、強いトレーニングは必要ありません。顔のシワやたるみは筋肉を動かす脳からの神経信号が老け顔グセパターンになっていることが原因なので、必要な神経信号を伝えるトレーニングをして、顔筋バランスを整えましょう。

顔筋バランスの崩れが老け顔の原因

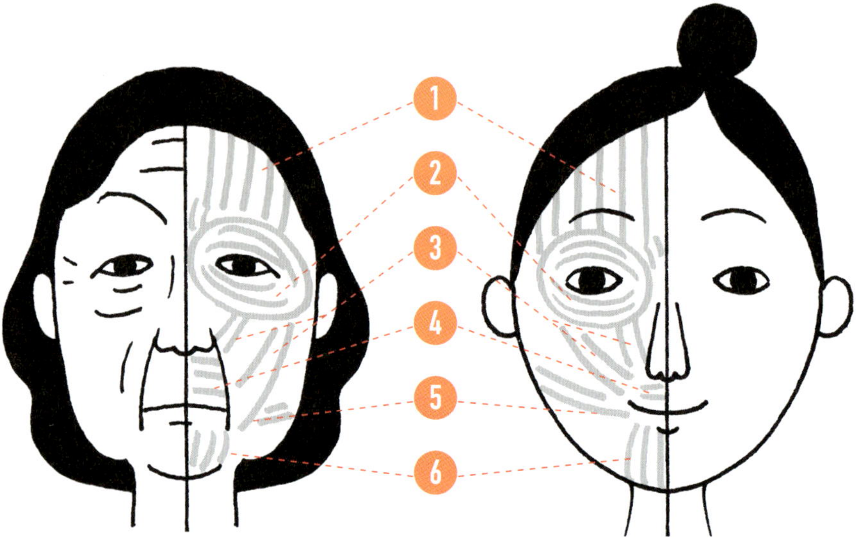

1. おでこの筋肉が短くなり、眉毛を上げる
2. 目を閉じる筋肉が外下方向に下がり、目尻を下げる
3. 上くちびるを上方向に上げる筋肉が下がり、口角を下げる
4. 上くちびるの筋肉が外側に引き伸ばされて、口角が下がり広がる
5. 口角を広げる筋肉が外側に短くなり、口角を広げる
6. 口角を下げる筋肉が下に短くなり、口角を下げる

サボり筋肉：②③④　がんばりすぎ筋肉：①⑤⑥

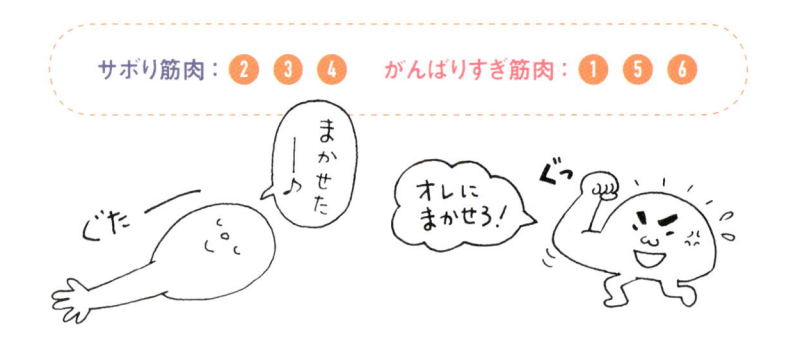

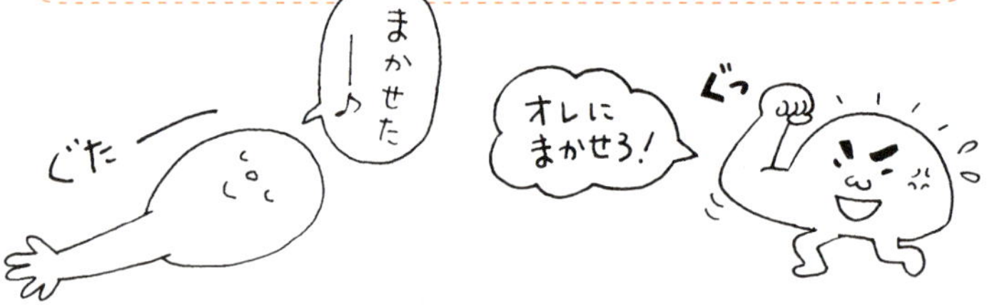

シワ・たるみから〝アヒル口〟や〝涙ぶくろ〟を作る!?

若いときはほおが丸くて高かったのに、いまは下に落ちてたるんでしまったという方はいませんか？　若いときに太って見えると思って嫌がっていたほおのふくらみ、お猿さんのようで嫌だった鼻の下のミゾ（人中）と両脇の凸部分、アヒル口といわれるくちびるの反り返り、上まぶたの上眼瞼溝《じょうがんけんこう》（二重の線）、目の下の涙堂《るいどう》（涙ぶくろともいわれる）などは、実は若さのシンボル。これらのミゾやヤマは、顔を動かすための皮膚をためておく場所なのです。例えば、鼻の下のミゾや両脇のヤマは口を開くときに使う皮膚をためていて、これがなければ皮膚に余裕がなくなり口を開いて食べたり話したりすることが不自由になってしまいます。実はこのミゾとヤマ、老け顔グセによってシワやたるみに変身していくのです。

年とともに、重力に逆らって上くちびるを上げて口を開くことが苦手になってくると、口角を真横に引っ張って口を開けるようになります。そうなると鼻の下のミゾとヤマは、皮膚が引き出されて平らになり、そこにしまってあった皮膚が余って、口元がたるんでしまいます。そのたるんだ皮膚を再度しまうために、口角に沿ってほうれい線を作ってしまうのです。さらに、口元がたるんで邪魔になってくると、くちびるを巻き込む老け顔グセが発生し、アヒル口も引き伸ばされ、ほおも下に引き落ち、さらにシワやたるみを作ってしまいます。

すなわち、老け顔グセによって顔筋バランスが崩れ、黄金比率が崩れるとミゾとヤマが崩れてシワやたるみになり、さらに新たな老け顔グセが進行していくという「悪の連鎖」が起きるのです。

この連鎖を断ち切るには、シワやたるみになっていた皮膚でミゾとヤマを作りながら、黄金比率の位置で筋肉のマッサージや神経のトレーニングを行うことが唯一の方法です。自然に顔筋バランスが整い、老け顔グセも直っていきます。

ミゾとヤマは顔筋バランスが整っている顔に存在する、若さのシンボル。それを復活させないでシワとたるみだけ消していたら、自分では若返ったと思っていても、とっても不自然なニセ若返り顔になってしまうのです。

若い女性と老いた女性の比較

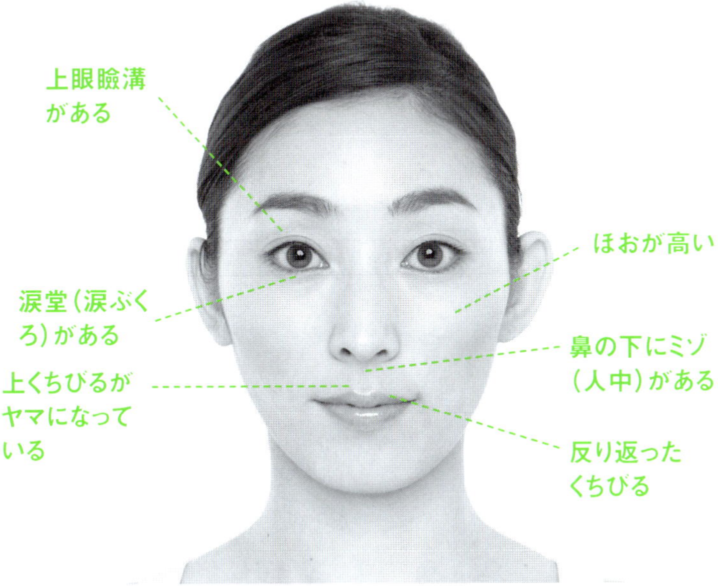

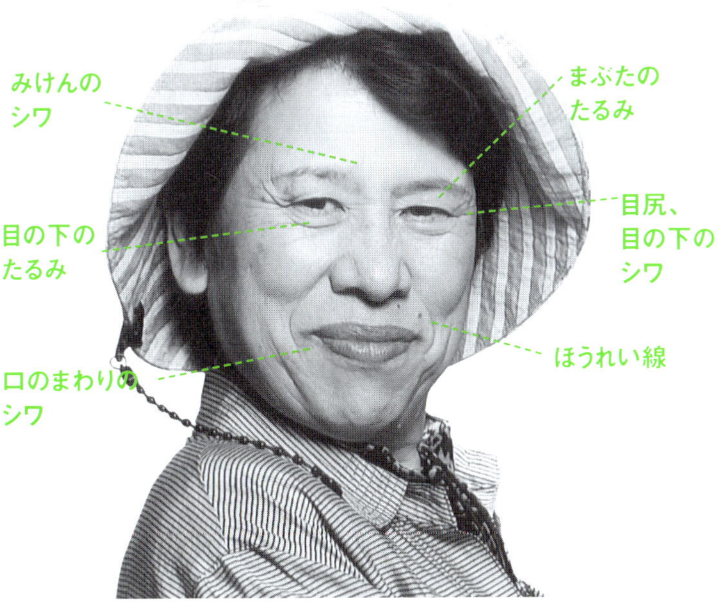

老け顔グセを改善するには、筋肉のもみ方が大事！

シワやたるみができる原因は、先述したように筋肉と神経との不具合や、使いすぎの筋肉のこわばりなどからくるものです。

顔の筋肉は鼻の頭以外のほぼ表面全体にあり、皮膚に広く張りついています。筋肉のこわばりがとれ弾力性が戻れば、顔全体の皮膚にも弾力が戻り、シワやたるみが改善していきます。

そのため、このメソッドでは、早く改善する方法としてこわばった筋肉をほぐし、弾力のある筋肉に生まれ変わらせる方法を紹介しています。

このとき特に注意していただきたいのが「筋肉のもみ方」。皮膚をむやみにさすったりこすったりというようなマッサージをしてしまうと、筋肉をうまくほぐすことができません。しかも、強くこすることで皮膚を伸ばしてしまえば、ミゾやヤマを引っ張ることになり、よけいにシワやたるみを悪化させてしまいます。

筋肉をもむには、指でしっかり圧をかけながら筋肉をつかんでもむこと（揉捏法《じゅうねつほう》といいます）が大切です。このとき重要なのは、絶対に皮膚をこすらないということ。本書は、そのあたりの加減などにも考慮しています。

また、顔の表面からは筋肉の形はわかりませんが、このメソッドでは、黄金比率の位置に目尻や口角をあわせたり、ミゾやヤマを作りながらマッサージをすることで顔筋バランスを整えるようにもむことができるため、シワやたるみを改善する効果が高いのです。

顔の筋肉がほぐれて血流が改善すれば、顔色も良くなり皮膚に水分も潤って、自然に肌トラブルも少なくなってきます。顔全体がバランス良くほぐれるように、正しい筋肉マッサージの方法を身につけましょう。

舌は顔の〝インナーマッスル〟

健康やダイエットに気を遣っている人は、「インナーマッスル」という言葉を一度は聞いたことがあると思います。身体でいうインナーマッスルとは、姿勢を保ちながら身体の大きな運動の力を支える、身体の内側の筋肉のことをいいます。インナーマッスルがうまく働いていないと、身体の表面の筋肉をよけいに使う必要があり、腰痛や肩こりなどの障害が起きやすくなってしまうといわれています。

そのインナーマッスル、私は顔にもあると思っています。それが「舌」。

舌は筋肉の塊です。その位置が下がったり運動不足になると、顔表面の筋肉をよけいに使ってしまい、いたるところのシワやたるみの原因になってしまうのです。

赤ちゃんはおっぱいを飲むとき、乳首を口内の天井に押し上げて、しごいて飲みます。

次に、少し成長するとコップを使って飲むようになりますが、コップで飲めるようになっても、初めのころはおっぱいと同じように飲みます。飲み物が口に入ると、舌先を上前歯の根元にくっつけ、舌の上を天井に押し上げてのどの奥に送り込んで飲みます。そのためコップで飲むと上くちびるにミルクがつきます（88ページのゴックンテストでチェックしてみましょう）。

そのうち、上くちびるにミルクがつかないように口を開いて舌を下げ、下くちびるで飲み物を受けて飲むようになり、舌を上げる運動をする必要がなくなります。そうすると、舌を下げたままでも使いやすい、口角を広げたり下げたりする筋肉ばかり使うようになるクセができてしまいます。飲み物を飲むときだけでなく、ご飯を食べるときもおしゃべりをするときもこの筋肉を使ってほうれい線やブルドッグたるみ、ほおのたるみなどを作る老け顔グセをするようになっていくのです。

舌の筋肉を鍛えるには、62〜68ページのトレーニングで赤ちゃんのころの舌の位置をキープするように心がけるだけ。顔のインナーマッスルに筋力をつけるためには、特別なトレーニング器具は必要ありませんから、今すぐにでも始めましょう。

ゴックンテストで舌の状態をチェックしよう

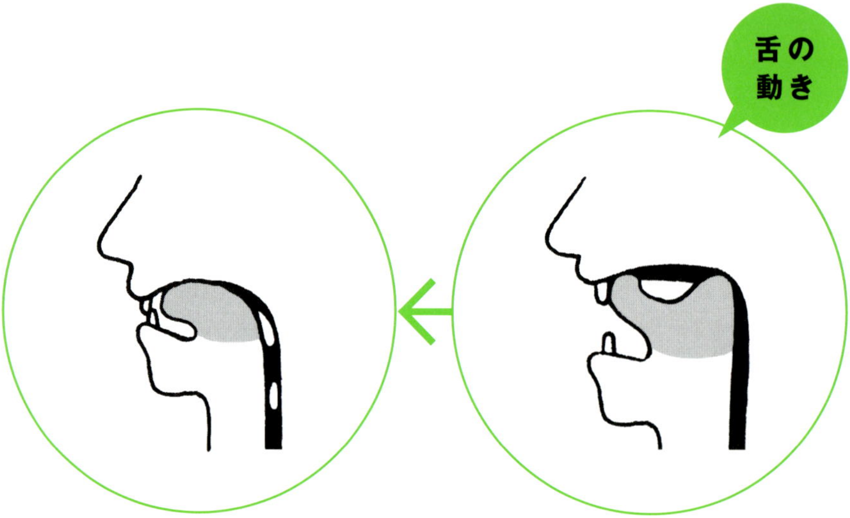

舌先は上前歯の裏の歯茎につける。

くちびるは開けたまま舌の上のくぼみに飲み物をのせて飲み込む。

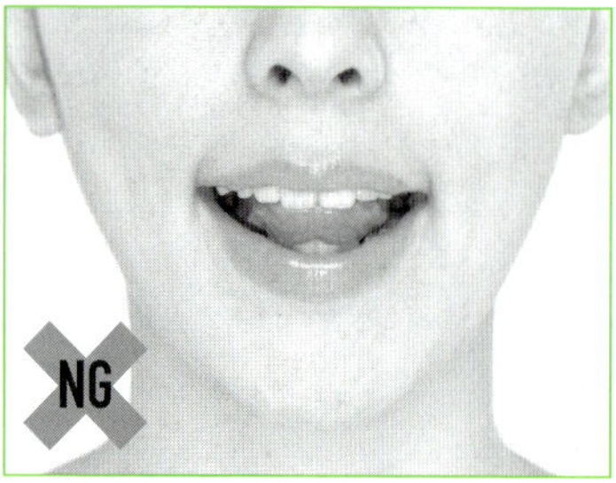

くちびるが閉じたり、舌先が上前歯に触らないと飲み込めない。または舌から飲み物がこぼれる。

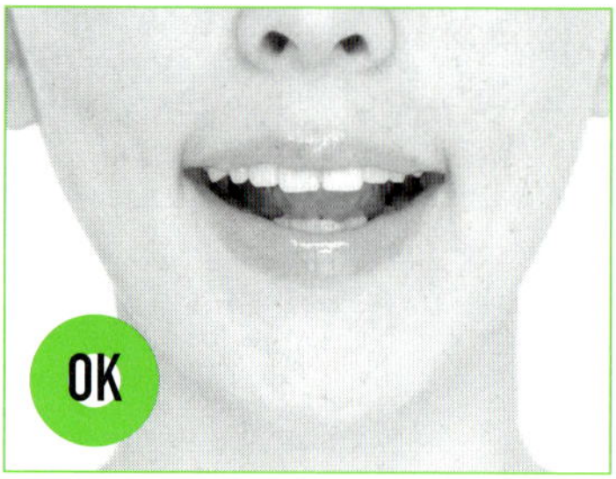

くちびるが開いたまま舌先の位置もそのままで飲み込める。

土門式「顔グセ直し」で
劇的に変わったビフォー・アフター

顔グセ直しを実践するだけで、シワやたるみが改善されるのはもちろん、
筋肉の動きや血流がスムーズになることで肌も明るくなります。
それにともなってくまやくすみも改善され、トータルで若返りが実現します。

たった1回実践

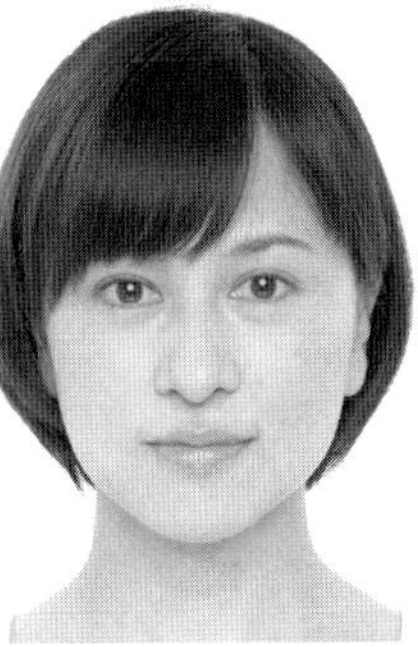

実践前

いつも「眠たそう」「疲れているの？」と言われるほど重たそうなまぶた、少し笑っただけでほおは横に広がり、ぽっちゃりした印象。目の下にはくまがくっきり出ています。たった1回の実践で、まぶたが驚くほど上がり、ほおもすっきり上がりました。ほおを横に出して笑うクセも改善すれば、もっと小顔が期待できます。

1年後

3ヵ月後

実践前

この「顔グセ直し」を実践する前は、顔の輪郭がぼんやりして目も眠そうな印象。実践して3ヵ月後はほおからあごにかけてのラインがシャープになり、目もパッチリ。涙ぶくろもクッキリできました。1年後は、こちらが昔の写真かと間違えるほど若返った印象になりました。

部位ごとに
まとめて集中攻撃！

２章で紹介している、気になるシワ・たるみごとの改善メソッドは、気になるポイントを細かく分けて紹介したものです。気になる部分がたくさんある人など、目・口・首という部位全体でまとめて効果を出したい人は、この「集中メソッド」がおすすめです。

口まわり

・ゆっくり朝晩で１日2回

ほおマッサージ→くちびるマッサージ→口角引き上げトレーニング→アヒル口トレーニング→あ・え・いトレーニング

・トイレで鏡を見るたびに

ほっぺトントンマッサージ→口角引き上げトレーニング→舌上げマッサージ→舌上げトレーニング→ゴックントレーニング

・日常気をつけたいチェック(電車に乗っているときや飲食するときなど)

下あごはさみ　上くちびるはさみ　舌上げ

(飲食するとき)**ほおぶくろ押さえ　アヒル口はさみ　ゴックントレーニング**

あご・首・エラ

・ゆっくり朝晩で１日2回

首フリフリマッサージ → 首トレーニング → 咬筋マッサージ → 舌上げマッサージ → 舌上げトレーニング

・トイレで鏡を見るたびに

首フリフリマッサージ

・日常気をつけたいチェック

あご押さえ　舌上げ

目まわり

・ゆっくり朝晩で１日2回

パンダマッサージ → 目頭マッサージ → 下まぶたトレーニング → 上まぶたトレーニング → みけんマッサージ → おでこマッサージ

・トイレで鏡を見るたびに

上まぶたトレーニング

・日常気をつけたいチェック

おでこ押さえ　目尻上げ　みけん広げ

老け顔グセ直し Q&A

ここでは日ごろ、私が皆さんから質問をよく受ける顔のトラブルや悩みについてお答えします。あなたの抱えている素朴な疑問を解消しましょう！

Q 自分に顔グセがあるかよくわからないのですが……

A 今まで何十年もそのクセをしてきたので、なかなか気づいたり、認めたりすることは難しいと思います。そんなときは他人と比較してみて。また、まだシワやたるみのない子どもや、年齢より若く見える人などに顔グセチェックをしてもらうと、その違いがわかると思います。試せる人がいなければ、電車の中やテレビでまわりを観察してみると、いろいろなことがわかります。「人のふり見て我がふり直せ作戦」で頑張ってください。

Q 強くたくさんトレーニングしたら早く良くなりますか？

A 今まで動かなかった筋肉が動くようになるには、神経が伸びたり、筋肉が肥大したりしないといけないので、やや時間がかかるかもしれません。いますぐに動かなくても手でアシストして刺激を送り続けていくと、自然と動くようになってきます。シワにしながら動かしていても良くなりませんから、シワを指で動かないように、焦らず押さえて行って。トレーニングとマッサージは１日２回くらいを目安にしてください。

Q 小顔になりますか？

A

口を横に広げたり下げたりする顔グセが良くなると、ほおが上がって顔が小さくなってきます。ただ、日常的にはあまりないことなので、まわりの人は「痩せた？」としか認識できません。もし体重が変わらないのに痩せたといわれたら、顔が小さくなっていると思っていいですよ。

Q 顔グセ以外に気にすることはありますか？

A

顔のケアで忘れてはならないのが紫外線。夏以外であっても、脳は目で紫外線を感じると、それだけでメラニンを産生しますから、サングラスをかけるのが効果的です。また、クレンジングなどで洗いすぎないこと。皮膚はこすられて薄くなり、シワだけでなく、くすみやシミの原因にもなります。

おわりに

前回の著書『美顔率』から３年。忙しく過ごしている間に娘が産まれ、生活が一変した中での執筆は本当に大変でした。自分にかける時間は少なく、顔のトレーニングもできず、体調も崩しました。しかし、悪いクセを気にかけて生活しただけで、一度開通した良い運動神経パターンは崩れることなく、老け顔に戻らずにすみました。改めて、顔の運動生理を実体験できました。

産休中に書き終えるはずが、娘はもう１歳半……。担当の庄山陽子さんには本当にご迷惑をおかけしました。イラストを担当してくださった三木謙次さん。私の本にイラストを描いていただくのが夢でした。私を支えて手助けしてくれた夫、母、姉には感謝の気持ちでいっぱいです。本当に幸せな気分でこの本を皆様に紹介できて嬉しいです。

２０１２年９月

土門 奏

土門治療院

Acupuncture Moxibustion Massage

東京メトロ麹町駅の真上にある鍼灸治療院。日本のみならず、海外からも噂を聞きつけ多くの人々が来院している。
顔のシワ・たるみのできる原因を解剖生理学や運動学の多方面から解明した『美顔率』理論による美顔はり治療をはじめ、肩こり・腰痛などには、鍼灸とともに姿勢から改善する治療を行うなど、来院者がいつまでも美しく健康であるよう、根本から回復する治療を心がけている。

・H.P.URL　http://www7b.biglobe.ne.jp/~domon/
・住所　〒102-0084
　　東京都千代田区二番町5　麹町駅プラザ2階
・TEL　03-6380-9989（電話予約制）

土門　奏（どもん・かなで）

鍼灸院土門治療院院長。国際鍼灸専門学校卒業後、筑波大学理療科教員養成施設卒業。はり師、きゅう師、あん摩マッサージ指圧師として大学の鍼灸治療施設で経験を積み、鍼灸院を開業。患者に「美顔はり」をしてもらえないかと頼まれたことがきっかけで「美顔率」の研究を始める。他には姿勢のゆがみなどから生じる腰痛や肩こり、姿勢のゆがみが原因でスポーツパフォーマンスが十分発揮できない状態を解決するための「コアコンディショニング」に興味があり、鍼灸マッサージのメニューに加えて運動指導やセルフケア指導も行っている。
著書には『〈黄金比率〉の魅力顔になる　美顔率』（ベースボール・マガジン社）がある。

装丁デザイン　**モリサキデザイン**
本文デザイン　**中川まり**（ジン・グラフィック）
イラスト　**三木謙次**
撮影　**伊藤泰寛**（本社写真部）
ヘアメイク　**伊藤三和**
モデル　**殿柿佳奈**（SPACECRAFT）

講談社の実用BOOK
10歳若返《さいわかがえ》る「顔《かお》グセ直《なお》し」
シワ・たるみがみるみる消《き》えていく!
2012年10月25日　第1刷発行

著者　土門《どもん》奏《かなで》

発行者　鈴木 哲
発行所　株式会社 講談社
〒112-8001　東京都文京区音羽2-12-21
編集部 03-5395-3527
販売部 03-5395-3625
業務部 03-5395-3615
印刷所　慶昌堂印刷株式会社
製本所　株式会社国宝社

ISBN978-4-06-299773-7